汉语知识丛书

文字问题

（修订本）

李 荣

商务印书馆
创于1897 The Commercial Press

图书在版编目(CIP)数据

文字问题(修订本)/李荣著.—北京:商务印书馆,1987.10
(2023.5 重印)
(汉语知识丛书)
ISBN 978-7-100-08871-8

Ⅰ.①文… Ⅱ.①李… Ⅲ.①汉字—研究 Ⅳ.①H12

中国版本图书馆 CIP 数据核字(2011)第 282638 号

汉语知识丛书
WÉNZÌ WÈNTÍ
文 字 问 题
(修 订 本)
李 荣

商 务 印 书 馆 出 版
(北京王府井大街36号 邮政编码100710)
商 务 印 书 馆 发 行
北京虎彩文化传播有限公司印刷
ISBN 978-7-100-08871-8

1987 年 10 月第 1 版 开本 787×1092 1/32
2012 年 10 月修订版 印张 4¾
2023 年 5 月北京第 4 次印刷
定价:38.00 元

目　录

壹　序论

1.1　提要

语言文字是人类社会最重要最基本的交际工具。语言学文字学的研究在现实生活中是必不可少的课题，不是可有可无的。在逐步实现四个现代化的过程中，语言学文字学都应该做出应有的贡献。

我国的文字从殷商的甲骨文算起，到现在有三千五百年的历史。我国文字的研究有优良的传统。传统的文字学不足之处是：有的时候有的人脱离语言，专就文字研究文字。文字的基本作用是记录语言，其他作用都是由此派生出来的。本书试图从语言的立场探讨若干文字问题，所以一开头就说“语言文字”。

我们的文字学向来偏重古的，着重研究许慎《说文解字》及其以前的文字；对刻板以后流行的印刷体，对现在通行的文字都不够注意。专门研究甲骨文、金文的叫古文字学。有一段时期，文字学几乎成为禁区，尽管古文字学很热闹。

1979年，作者写了一篇小文章《汉字演变的几个趋势》（本书第伍章）。发表之后，有人拿了《宋元以来俗字谱》跟我讨论，说俗字总是越来越简单的，俗字就是简笔字，应该推广俗字。我这才充分认识到《宋元以来俗字谱》影响之大。同时了解到，在有的人心目中，俗字是非常重要的。所以本书第贰章先从《宋元以来俗字谱》说起，给以应有的评价。

本书第叁、第肆两章考察了五种晚明（17世纪开头三十年）刻本小说的影印本或复印本，说明这些书用字的大致情况。第叁章主要是平面的叙述，第肆章主要就演变立论。希望可以廓清小说里尽是俗字，俗字就是简笔字的片面看法。

这五种小说的总篇幅很大，本书的篇幅有限，所以叁、肆两章只能选样讨论。我采集资料的方式不是全面的有系统的，那样做需要的人力太多，时间太长。我的方式是随时翻阅，随手笔记，我希望不至于遗漏太多重要的事实。为了避免“久已通用，流行极广”一类印象派的说法，叁、肆两章采用分类罗列事实的写法，因此这两章的题目都明说是释例。为了在相同的篇幅里容纳较多的例句，例句多数接排，中间用单竖线“｜”隔开，一组例句的末了用双竖线“‖”，例句与说明之间也用双竖线。例句一律标出书名的简称、回数或卷数、页数。出处与上句相同就不重复。笔记、抄录、排印、校对，可能有误，有出处可以复核。

从第肆章“小说里多音字的分化”、“小说里多义字的分化”和“小说里用字功能的再分配”三节，可见字的用法逐渐跟现行的习惯接近。

第伍章“汉字演变的几个趋势”上文已经提到，收入本书时字句略有更动。

第伍章的题材和前两章大致相同，只是取材的时代不同。前两章叙述晚明五种小说用字的情况及其演变；第伍章泛论汉字演变的趋势，取材没有时代限制。章以下分节，从目录可以看出，第叁、第肆两章有几节的题目跟第伍章的相同或相似。

第叁章和第肆章	第伍章
3.5 本字	5.13 本字
3.6 同音替代和音近替代	5.5 同音替代
3.8 简化字	5.3 形体简化
3.9 繁化字	5.7 形体繁化
4.1 小说里多音字的分化	5.8 多音字的分化
4.3 小说里多义字的分化	5.9 多义字的分化
4.4 小说里用字功能的再分配	5.11 功能的再分配

既然如此，为什么不把这三章打散了重编呢？第伍章是1979年5月写出初稿，11月改订，1980年1月发表的。前几章从1984年才开始起草，写写停停，到1985年、1986年之交才编排就绪。写的过程中，作者曾经动手把新稿旧稿穿插起来，尝试了两三次，结果都不佳。最后决定编成现在的样子。三章之间的互指主要限于实例，节与节之间不互指，比如3.5节不注明参看5.13节，反之亦然。

此外，本书修订本还增加了第陆章"汉字的演变与汉字的将来"。

本书原来还有一章讨论字数问题，评价洪深的《一千一百个基本汉字教学使用法》（1935年，上海生活书店），赵元任的《通字方案》（1983年，商务印书馆），以及几种汉字频度研究报告，因篇幅过大删去。

1.2 引用书目

本书所谓晚明刻本五种小说是：

一　明容与堂刻水浒传——公元1966年1月中华书局上海编辑所据北京图书馆藏本影印。一百卷一百回（卷数跟回数相同）。卷首《出版说明》以为“明万历三十年（1602年）前后杭州所刻”。书后据日本内阁文库本排印的叙文末题“庚戌仲夏日虎林孙朴书于三生石畔”。庚戌为明神宗万历三十八年（1610年）。

二　金瓶梅词话——公元1933年3月古佚小说刊行会影印。有万历丁巳季冬序。万历丁巳是万历四十五年，公元1617年。季冬是农历十二月，丁巳年十二月初五日为公元1618年元旦。十卷一百回。

三　古今小说——公元1958年台湾世界书局据天许斋本影印。孙楷第以为明光宗泰昌、熹宗天启间（公元1621年左右）刊本。四十卷。

四　警世通言——日本东洋文化研究所藏本复印本。序题天启甲子腊月，天启甲子是天启四年，公元1624年。腊月是农历十二月，甲子年十一月二十三日为公元1625年元旦，十二月已经是公元1625年。四十卷。此本正文有两个第三十四卷，目录第三十五卷正文也作第三十四卷；目录第三十九卷正文作第三十五卷；正文第四十卷第六十八页书口题“警世通言二刻”，第六十九页书口题“卷三十九”。本书引用时卷次根据目录。

五　醒世恒言——公元1959年台湾世界书局据叶敬池刊本影印。序题天启丁卯中秋，就是天启七年，公元1627年。四十卷。

明容与堂刻《水浒传》卷首《批评〈水浒传〉述语》2云：

《水浒传》讹字极多，和尚（评者自称）谓不必改正。原以通俗（荣按："通俗"本来是动宾式，与"启蒙"构造相同），与经史不同故耳。故一切如代为带，的为得之类，俱照原本，不改一字。

"代为带"是"代"字作"带"字用，"带"字写成"代"字。"的为得"同此。水七一7第二坡左一代房内朱武、黄信、孙立、萧让、裴宣，右一代房内戴宗、燕青、张清、安道全、皇甫端‖水二八4只见管营道："新到囚徒武松，你路上途中曾害甚病来？"武松道："我於路不曾害，酒也吃的，肉也吃的，饭也吃得，路也走得。"‖这就是"代为带，的为得"的实例。贯华堂本七五14作"左一带"，"右一带"，三二11作"酒也喫得，肉也喫得，饭也喫得，路也走得"。容与堂本卷首举出的两项讹字贯华堂本均已更改。又容与堂本二八7又有许多蒸"馋"儿。那人便把熟鸡来搽了‖贯华堂本三二16"馋"作"捲"，"搽"作"斯"，都是有意改字。本书一般用容与堂本，有时兼用贯华堂本。

以上五种书有时总称"小说"，引用时分别简称水、金、古、警、醒。用数目表示卷数（水也是回数，金是回数），用阿拉伯数字表示页数。如"水二3"表示容与堂本《水浒传》卷二（第二回）第三页。

本书有时引用下列四种小说：

六　第五才子书施耐庵水浒传——公元1975年中华书局据贯华堂本影印，序题崇祯十四年二月十五日，公元1641年。全书七十五卷。卷之五为《楔子》，大致相当于容与堂本第一回；卷之六为第一回，相当于容与堂本第二回；卷之七十五为第七十回，相当于容与堂本第七十一回。合起来说，贯华堂本卷数减去四大致相当于容与堂本的卷数（＝回数）。贯华堂本引用时说明版本卷数页数。

七　脂砚斋重评石头记乾隆甲戌本——甲戌是乾隆十九年，公元1754年。大兴刘铨福旧藏。公元1961年胡适影印。引用时称石头记甲戌本。

八　脂砚斋重评石头记乾隆己卯本——己卯是乾隆二十四年，公元1759年。北京图书馆藏。公元1980年上海古籍出版社影印。引用时称石头记己卯本。

九　脂砚斋重评石头记乾隆庚辰本——庚辰是乾隆二十五年，公元1760年。北京大学图书馆藏。公元1955年北京文学古籍刊行社影印。引用时称石头记庚辰本。

十　乾隆抄本百廿回红楼梦稿——文学研究所藏。公元1963年中华书局影印。引用时称红楼梦稿。

以上四书引用的时候不多，因为书名太长，所以这里总的交代一下。引用时一律用数目字表示回数；用阿拉伯数字表示第七种和第十种的每回页数；第八种无页码，用阿拉伯数字表示每回页数；第九种有总页码，用阿拉伯数字表示总页数。

本书常引的“小学”书主要有下列四种：

十一　说文解字——一般用段注本，经韵楼刊本影印本；有时用《四部丛刊》影印大徐本，随文说明。引用时用数目字和上下表示篇数，用阿拉伯数字表示每篇上下的页数。

十二　广雅——用王氏疏证本，光绪五年（公元1879年）淮南书局重刊。

十三　广韵

十四　集韵——这两种都用通行本，有异文时随文说明。引用时举四声及韵目。

此外引用的书籍和论文、报刊一律随文说明出处。

贰　俗字

2.1　对俗字的偏见

文字是大众使用的信息媒介，要在群众之间通行才能成为文字。闭门造字，群众不接受不能成为文字。即使有人热衷于当仓颉，文字并不是少数人造的。文字是历史的产物，经过长期的演变，才造成今天的局面，不是一朝一夕之功。对大家公认，已经通行的文字而言，新字就是俗字。很多人对俗字有偏见。有的人以为见于经典的文字才是正字，不见于经典的文字就是俗字，俗字最好不用。这是一种偏见。有的人以为俗字就是经典，俗字应该推广。这是另一种偏见。文字是记录语言的，研究文字必须排斥正俗的偏见，从文字的功用立论。

俗字里固然有简化字，实际上也有繁化字。有的人居然认为笔画多的就是正字，俗字都是笔画少的，也就是简字。《宋元以来俗字谱》就是这种看法的代表。这部书认为错字“叫”（从口从斗）是正楷，“叫”（从口从丩）反而是俗字。错字“宰”（从幸）是正楷，“宰”（从辛）反而是俗字，有的人把这部书奉为经典，所以在讨论俗字的时候，不能不拿来评论一番，这样才能廓清俗字的迷雾。

本书 5.10 节指出：

仔细观察，就可以发现：求繁求简两种要求在俗字上都表现得相当突出。

可是有的人坚持“俗字”其实就是简体字。他当然不愿意知道，一千四百年前陆德明在《经典释文·序》里就反对过任意加鸟旁、鱼旁、虫旁和草头儿的俗字。他请你看刘复、李家瑞编的《宋元以来俗字谱》。这是中央研究院历史语言研究所在1930年出版的，解放后还影印过。编者在1930年的序里又有过分自信的话：

《宋元以来俗字谱》一卷，是去年编成的：所取材料，是下列十二种书：……这十二种书，当然未必能将宋元以来所有的俗字完全包括，但就大体说，要借此看一看八九百年以来俗字的演进和变化的程迹，也就十不离九了。

加上序文把俗字和简笔字联系起来合于某些人的胃口：

亦许这一部书出版之后，对于简笔字运动上，可以稍稍有一点用处。但我做这一部书的目的，只是为研究俗字而已，并没有想到要在实用上有何种贡献。若研究学问要处处顾着实用，那就只有回复到前清甲午战以后的时务策论时代去！

这种标榜“为研究俗字”而研究俗字，轻视实用的宣言是自信和自夸的混合物，无形中在某些读者心目中诱发“出大言者必有实学”的错觉。认真地说，要是在某种范围内控制使用，这本书提供了很多有用的资料。要是轻信编者过分自信的话，势必得出俗字就是简笔字的错误结论。无论就选材说，还是就所选材料的分析说，都是如此。本章主要讨论后者。

2.2 评《宋元以来俗字谱》

《宋元以来俗字谱》正文 1—137 面，每一面分成十三个横栏，第一栏是"正楷"，以下十二栏是十二种书的"俗字"。下文引用时书名写作《俗字谱》；用阿拉伯数字表示该书的面数。令人困惑的是书中许多所谓"正楷"其实是错字。

1 含，86 贪——这两个字上头都从"今"（《说文》二上 15，六下 20 都从今声），《俗字谱》正楷栏都误成从"令"。（为了尽量少刻字，以下提到错字多数采取这种叙述方式。）

9 叫——这个字从口从丩，《俗字谱》"正楷"栏从口从斗，并且把《取经诗话》等三种书的正体"叫"列为俗字。

21 宰，127 辜——这两个字底下都从"辛"（《说文》七下 10 从宀从辛，十四下 23 从辛古声）。《俗字谱》"正楷"栏都误成从"幸"，并且把《通俗小说》的正字"宰"列为俗字。

37 拽——这个字右边本来没有点，《俗字谱》"正楷"栏在右边误加一点，并且把《通俗小说》等三种书的"拽"列为俗字。《说文》十四下 33 曳从申声，十二上 53 抴字段注："抴与曳音义皆同，……俗作拽。"请注意，段玉裁说"拽"是"曳"的俗字，是就来历说，不从手的"曳"是正字，从手的"拽"是俗字；《俗字谱》以为多一点的错字是"正楷"，"拽"比所谓"正楷"少一点是俗字：性质完全不同。

56 盤——《俗字谱》"正楷"栏把般字头错成船字头。《说文》六上 45 槃从木般声，籀文从皿。段注：今字皆作盤。

60 穡——《俗字谱》"正楷"栏把这个字错成右上角从两个口。《说文》七上 39 穡从禾嗇声。五下 31 嗇从来㐭。

62 薄，75 簿，80 缚，127 博——《俗字谱》把这四个字里从寸甫声的“尃”字都误作“専门”的“専”字。《说文》一下40 薄从艸溥声。许书无“簿”字，“簿”亦从溥声。十一上二1溥从水尃声。十三上9 縛从糸尃声。三上6 博从十尃（此字段注本误作“愽”），尃布也，亦声。（《四部丛刊》大徐本三上2作从十从尃，尃布也。）三下30 尃从寸甫声。

71 褻——《俗字谱》“正楷”栏把当中的“埶”字误作“執”字。《说文》八上61 褻从衣埶声。八上60 另有褺从衣執声，段注引《汉书·地理志》孟康曰：音重叠之叠。

90 踏，125 沓——这两个字所从“曰”字《俗字谱》“正楷”栏都误作“臼”字。《说文》五上29 沓从水曰。二下26 蹋字段注：“俗作踏。”案《广韵》盍韵：“蹋，践也，徒盍切。”合韵：“踏，著地”，他合切。两字意思相同而音不同。

94 迎——《俗字谱》“正楷”栏误加一点，又不是卬又不是卯。《说文》迎从辵卬声。

100 阎——这个字里头是“臽”。《俗字谱》“正楷”栏误作“舀”。《说文》十二上8 阎从门臽声。（84 谄从舀，——此字《俗字谱》从舀，也是从臽之误。《说文》三上20 讇，从言閻声。諂，讇或从臽。）

108 騮——《俗字谱》“正楷”栏这字写作“驑”，右上角像“亞”字又不是“亞”字。《说文》十三下47 留字作畱，《俗字谱》凭空加上一画。

110 魂——这个字《俗字谱》“正楷”栏从亡。《说文》九上40 从鬼云声。

120 步——这字底下部分《俗字谱》“正楷”栏误作“少”。

《说文》二上 41：步，行也，从止𣥂相背。楷书跟通行的铅字都是七画，《俗字谱》目录是排印的，铅字“步”字不错，可是列在八画底下。可见编者的确认为“步”字底下是“少”字。（从“少”的“步”已见于唐写本《王仁昫刊谬补缺切韵》，是唐代的俗字。）

130 貌——这字《俗字谱》“正楷”栏右边误作“皃”。《说文》八下 10 皃，颂仪也（段注：颂者今之容字）。貌，籀文皃从豸。《俗字谱》以错字为正楷，以正字为俗字，居然说《列女传》的“貌”和《取经诗话》等六种书的“皃”是俗字。

131 臺——《说文》十二上 3：臺，观四方而高者也，从至，从高省，㞢（之）声。《俗字谱》“正楷”栏误作“臺”，上头是“亠”下一个“台”字，好像是从台声。

132 戰，133 彈，殫——这三个字的單字旁，《俗字谱》“正楷”栏都误作多一笔的“單”。不过上文 10 “單”字正楷不误。《说文》十二下 38 “戰”从戈單声。十二下 60 “彈”从弓單声。四下 12 “殫”从歺單声。二上 30 “單”从吅甲。

如上所说，《俗字谱》常常把笔画多的错字列入“正楷”栏，认为笔画多的字就是正楷。从《俗字谱》卷首所附书影来看，也说明编者不能识别笔画多的俗字和错字。《白袍记》和《东窗记》书影第一行都是“新刻出像音註……”。从言的“註”当作从水的“注”。《说文》十一上二 20 注字段注：“按汉唐宋人经注之字无有作註者，明人始改注为註，大非古义也。”《东窗记》书影：“那秦丞相被冤鬼迷弄。”“冤”字误作从穴从免。《说文》十上 25 “冤，屈也，从冂兔。”上下两部分都错了，大概因为笔画比正体多，《俗字谱》的编者就不摘录了。

平心静气地说，《宋元以来俗字谱》有两项缺点，一项优点。引用《俗字谱》推论错误，引者也要负责。

第一项缺点是选材失当。研究宋元以来的俗字，小说戏曲很重要，字书韵书也很重要。《广韵》《集韵》《大广益会玉篇》《类篇》《字汇》《正字通》收的俗字很多。这里不能细说，只就《广韵》的平声和上声举例如下表。

四声	韵目	反切	正字	俗字	备　注
平	鱼	七余切	胆	蛆	“胆”字不通行
平	欣	举欣切	筋	觔	
平	先	胡田切	弦	絃	
平	仙	如延切	然	燃	今两字分化
平	麻	所加切	沙	砂	
平	唐	古郎切	岡	崗	
平	蒸	识蒸切	升	昇	
上	海	仓宰切	采	採	
上	晧	古老切	稾	藳	
上	果	古火切	果	菓	
上	有	举有切	韭	韮	
上	有	之九切	帚	箒	
平	咍	落哀切	來	来	
平	先	落贤切	憐	怜	
平	麻	食遮切	蛇	虵	“虵”字不通行
平	麻	呼瓜切	華	花	今两字分化
平	阳	士庄切	牀	床	
上	准	思尹切	筍	笋	
上	晧	苏老切	嫂	㛐	“㛐”字不通行

根据我的观察，《广韵》多数的俗字笔画比正字多，少数的俗字笔画比正字少。因为很多俗字是由正字加偏旁（形旁）造成的。上表十九对例字中“帚”字以上俗字的笔画多，“來”字以下正字的笔画多。注意“罔”俗作“崗”加山字旁。“岡”本

来已经从山，俗字再加山旁。

第二项缺点是识别力差。《俗字谱》不能识别正字俗字，根据某些人“正字笔画多，俗字笔画少”的错觉分别正俗。这么做一方面贻误一般读者，推广这种错觉。另一方面迎合本来已有这种错觉的少数读者，巩固这种错觉。

《俗字谱》的优点是搜集了一批俗字。例如“牀”俗作“床”。要是把正俗颠倒的字再颠倒过来，恢复事物的本来面目，例如把“吗俗作叫”改成“叫俗作吗”，这本书还是值得参考的。

叁　五种晚明刻本小说用字释例

3.1 《水浒传》书影说明

有的人有错误的假定，以为小说一定是满篇的俗字、简笔字。就我们考察的小说而言，用字跟平常书籍没有多大差别。其中大多数字符合一般的习惯，有简笔字也有加笔字，有俗字也有本字。现在根据影印的容与堂刻本《水浒传》，把卷三第一页下半页和第二页上半页，卷二八第三页下半页和第四页上半页，制版插入本节。读者看了，可以有个比较全面的印象。这里就书影用字提出几项来说。

① 用笔画多的“箇”，不用笔画少的“個”或“个”。

② 远指指示词和不定指示词都用“那”字，是传统的写法。“只见那箇人走将入来，问道：那箇是新到囚徒武松？”现在多数人的习惯把不定指示词分化出来，写成从口的“哪”。参看5.8节。

③ 包裹的“裹”一处用从衣果声的正体，一处用省去顶上两笔的简体。

④“達”字正体用于“不達时务”，简体“逹”用于人名“陈逹”。

⑤“回”字三处作“囘”，一处作“囬”。“面”字三处作“靣”，一处作“面”。

⑥“發”字两见,“撥”字三见,所从的“癶”都写作“关”。

⑦“莊”字见九次,都写成加点的俗字。“壁”字和“拽”字也写成加点的俗字。“劫”字从去从力,写成从去从刃。

⑧“管”字从“竹”的正体一见,从“⺍”的简体三见。

⑨ 柰何的“柰”从木是正体,写成“奈”从大是俗体,各一见。

⑩“叫”字三见,都写成斗字旁的繁化俗字。

⑪“單”字两见,上从两口,写成两点是简化;横画上头又加上一点,简化之中又有繁化。

⑫“畫”字眉批和夹批有繁简之别,各两见。

此外“賴”简化成从頁,“縛”变体从専,呐喊的“呐”同音替代写成“納”,用“甚麽”不用“什麽”之类,就不细说了。

选录这几页书影而不选别的,并没有从字形的正俗繁简上头考虑。那样容易带有选者的偏见。选这几页的动机是:卷三第一页下有“你兩箇都頭都不要鬧動”,卷二八第四页上有“都不要你衆人鬧動”,碰巧两处都有“闹动”。线装书复印时上页的下半页和下页的上半页同时印出。“闹动”可能就是北京话和一些方言的“闹腾”(轻声)的本字。“动”字读轻声,同时声母变送气,元音变央元音,所以写成“腾”。轻声字的来历不好研究。一得之愚,谨供参考。

以下3.2节到3.9节分成八项讨论小说用字。这八项表示观察小说用字的八个方面,并不是把小说用字分成互相排斥的八类。所以这一项的例字,有时也可以放到那一项,同一个字往往可以属于若干项。比方3.2节说《警世通言》卷二“莊”字和“庄”字用法不同,“莊”是本字,“庄”是简化字。

有光景

若是死時與你們同死活時同活你等起來放心別作緣便且等我問箇來歷緣故情由史進上梯子問道你兩箇都頭何故半夜三更來刼我莊上那兩箇都頭荅道大郎你兀自賴哩見有原告人李吉在這里史進喝道李吉你如何誣告平人李吉應道我本不知林子裡拾得王四的回書一時間把在縣前看因此事發史進叫王四問道你說無回書如何却又有書王四道便是小人一時醉了忘記了回書史進大喝道畜生却怎生好外面都頭人等懼怕史進了得不敢奔入莊裡來捉人三箇頭領把手指道是且荅應外面史進會意在梯子上叫道你兩箇都頭都不要鬧動權退一步我自綁縛出來解官請賞那兩箇都頭

着。

却怕史進只得應道我們都是沒事的等你綁出來同去請賞史進下梯子來到廳前先叫王四帶進後園把來一刀殺了喝教許多莊客把莊裡有的沒的細軟等物即便收拾盡教打疊起了一壁點起三四十箇火把莊裡史進和三箇頭領全身披掛鎗架上各人跨了腰刀拿了朴刀拽扎起把莊後草屋點着莊客各自打拴了包裹外面見裡面火起都奔來後面看且說史進就中堂又放起火來大開了莊門納聲喊殺將出來史進當頭朱武楊春在中陳達在後和小嘍羅并莊客一衝一撞指東殺西史進却是箇大虫那里攔當得住後面火光竟起殺開條路衝將出來正迎着兩箇都頭并李吉史進見了大怒讐人相見

晝　晝

管在人矮簷下怎敢不低頭只是小心便好說猶未了只
見一箇道差撥官人來了衆人都自散了武松解了包裹
坐在單身房裡只見那箇人走將入來問道那箇是新到
囚徒武松武松道小人便是差撥道你也是安眉帶眼的
人直須要我開口說你是景陽岡打虎的好漢陽谷縣做
都頭只道你曉事如何這等不達時務你敢來我這里猫
見也不吃你打了武松道你倒來發話指望老爺送人情
與你半文也沒我精拳頭有一雙相送金銀有些留了自
買酒吃看你怎地奈何我沒地里倒把我發回陽谷縣去
不成那差撥大怒去了又有衆囚徒走攏來說道好漢你
和他强了少間苦也他如今去和管營相公說了必然害

真是好男子

你性命武松道不怕隨他怎麽奈何我文來文對武來武對正在那里説言未了只見三四箇人來单身房裡叫喚新到囚人武松武松應道老爺在這里又不走了大呼小喝做甚麽那來的人把武松一帶帶到點視廳前那管營相公正在廳上坐五六箇軍漢押武松在當面管營喝叫除了行枷説道你那囚徒省得太祖武德皇帝舊制但凡初到配軍須打一百殺威棒那兜拕的背將起來武松道都不要你衆人閙動要打便打也不要兜拕我若是躲閃一棒的不是好漢從先打過的都不筭從新再打起我若叫一聲也不是好男子兩邊看的人都笑道這痴漢弄死且看他如何熬武松又道要打便打毒些不要人情棒兒

3.3 节各组异体字之间往往有繁简正俗之别。3.5 节说："本字往往也是古字"。3.7 节形声字的变化，加形旁就成为繁化字。

3.2 谨严的分别

小说的用字，就局部而言，有很谨严的一面。现在举几个例子来说。

在语言里，"姊妹" zǐ · mei 的"姊"和"姐姐" jiě · jie 的"姐"不同音。因为"姊"和"姐"意思相近，有的人写字，这两个字不分，随便写。在《古今小说》第二十八卷里，第 10 页"姊妹两人｜姊妹二人"都作"姊"。第 5—12 页"姐姐"见十四次，"姐夫"见四次，都作"姐"。

同一个字，简化不简化，小说里多数是任意的。上下文有很多例子，毋须再举。可是《警世通言》第二卷《莊子休鼓盆成大道》里，"莊"字有少数写成"庄"字，粗粗一看，是偶然写简笔字。仔细一看，两个形体用法不同。"莊周"是"莊"，"村庄"是"庄"，分得很清楚。正文连题目，"莊"字见三十九次，都作姓用。

莊子休	2 次	姓莊名周	1 次
莊周	3 次	莊子	2 次
莊某	1 次	莊先生	2 次
莊生	28 次		

全篇"庄"字只见三次，用于"庄户、庄客"。

警二 6　山前山后庄户晓得莊生是个逃名的隐士。警二 9　凶(凶)器不是生根的，屋后还有一间破空房，唤几个庄客抬他出去就是。警二 10　叫苍头顾唤近山庄客，扛抬莊生尸柩，停于后面破屋之内。

警二6“庄户”和“莊生”，警二10“庄客”和“莊生”用在同一个句子里，尤其值得注意。比较警一12老者道：两个集贤村中有一二十家莊户，……这些莊户不是舍亲，就是敝友‖这页及下页“锺家莊”四见，这些“莊”字都不简化。

3.3 异体字

小说的用字，就全部而言，有很多异体字。异体字就是功用相同、形体不同的字。异体字有各种不同的情况，这里只就功用宽窄等略作说明。

有的异体字功用完全相同。比方“壻”字跟“婿”字，从士或者从女，意思一样。“空”字跟“挖”字，从手或者不从手，意思也一样。有的异体字用途有宽窄之分。“每”字跟“们”字作为复数词尾，功用相同。“们”字只有这个用法；“每”字还用作限定词，如“每人、每天”等。“取”字跟“娶”字都用于嫁娶。“取”字广用；“娶”字专用，限于嫁娶。“舍”字有上声去声两音；“捨”字是从“舍”字分化出来的，只用于上声。“泊”字跟“薄”字音同义不同，跟“落”字连用，“落泊”就是“落薄”。

有的异体字古代通用。比方“飞”字跟“蜚”字。《说文》十一下31飛字段注：“古或叚蜚为飛。”现在“蜚”字窄用，限于“流言蜚语，蜚声中外”一类用法，其他都用“飞”字。这里举《史记》里这两字通用的例子，用《百衲本》景印黄善夫本。

《史记》四十10伍举曰：……有鸟在于阜，三年不蜚不鸣，是何鸟也？［楚］庄王曰：三年不蜚，蜚将冲天；三年不鸣，鸣将惊人。

《史记》一百二十六1淳于髡说之以隐曰：国中有大鸟，止王之庭，三年不蜚又不鸣，王知此鸟何也？［齐威］王曰：此鸟不飛则已，一飛冲天；不鸣则已，一鸣惊人。

有的字本来形音义不同，后来因同音混用。比方“瓷器”的“瓷”和“磁石”的“磁”。这两个字最好严格分开。

同音替代（假借）和同义替代（训读）都造成异体字。现在各举一例。

“穵”是本字，从手的“挖”是后起的，写成“斡”是同音替代。“穵”字见于《说文》七下20穴部及《广韵》入声黠韵。《广韵》乌八切下注云：“手穵为穴。”现在都写作从手的“挖”，音wā。除非是研究文字音韵的，一般人只知有“挖”，不知有“穵”。《水浒传》和《金瓶梅词话》都常常把“穵”写成“斡”，反映所使用方言两字同音。

容与堂本水二六15双手去斡开胸脯。（贯华堂本水三十35“斡”作“穵”）｜金八七9双手去斡开他胸脯。容与堂本水七9高衙内吃了一惊，斡开了楼窗，跳墙走了。（贯华堂本水十一17亦作“斡”。）

金十二4［应伯爵］于是向头上拔下一根闹银耳斡儿来，重一钱。谢希大一对镀金网巾圈，秤了秤只九分半。（“闹”读作“孬”nāo，闹银耳斡儿和镀金网巾圈都是不值钱的。）金九十9一根金耳斡。

警十五22—23向髻上取下两钱重的一根金穵耳来……就将穵耳插于网边之内。

醒五3猫儿口中尚且穵不出食，何况于虎。醒二八7正是穵耳当招。醒三六19若用了錢，穵還在别人前面。

《二刻拍案惊奇》卷三九 18 从枕下挖钱去了｜卷四十 12 作挖下走介｜已把四字挖下｜17 挖出御屏上四字。（上海古籍出版社影印日本内阁文库本）

同义替代可以举“骰”字跟“色”字为例：

金五七 13 掷色的……赢色的（掷色子赢了的）金六八 10 于是西门庆与吴银儿，用十二个骰儿抢红。金六八 15 爱香儿挨近葵轩，正掷色猜枚。金七七 9 姐儿两个拿上骰盆儿来，和西门庆抢红顽笑。金七七 15 与伯爵掷骰猜枚。

“骰 tóu 子”本作“投子”，也叫“色子”，是娱乐或赌博用具。参看新《辞源》。“掷色猜枚”就是“掷骰猜枚”。“色盆”就是“骰盆儿”。从多数方言叫“色子”看，《金瓶梅词话》是“骰”训读为“色”。

本节异体字举例以下列北京声母为序，异体字之间用浪号“～”相连，有时略加说明。

b	p	m	f
d	t	n	l
z	c	s	
zh	ch	sh	r
j	q	x	
g	k	h	ø

小说里异体字多，不能以偏概全。比方《金瓶梅词话》五十七回第三页有“舍錢布施”，“舍”字不从手；第四页有“捨財作福”，“捨”字从手。不能根据前者说“舍”字上去两音尚未分化，也不能根据后者说已经分化，只能说正在分化中。

b　落泊～落薄

警二二 9 宋金终是旧家子弟出身，任你十分落泊，还存三分骨气｜今日虽然落薄（上文 8 宋金虽然贫贱）‖

p　擯～軿

金三 5 待老身东擯西补的来｜十四 8 只擯凑了二百五十两银子｜三七 8 少不得东軿西凑的｜二四 10 我破着这命擯兑了你｜二六 7 拚着这命，擯兑在他手里｜金三七 8 少不得东軿西凑的，央冯妈妈寻一个孩子使｜七二 18 我就先擯（原误作擯先）了这淫妇‖

"擯"和"軿"现在都写作"拼"，音pīn，本字是"閛"。《广韵》真韵："閛，閛争；《说文》作閛，鬬也；"匹賔切。《广韵》从门，今依《说文》改作从鬥。匹賔切跟今音密切符合。《说文》三下 15："鬬，遇也。"段注："古凡鬬接用鬬字，鬥争用鬥字，俗皆用鬬为争競而鬥廢矣。"这两个意义是互相关联的，相遇相接才能相鬥。

m　爹每～爹们

金四二 6 小的和吴惠，先到宅里来。宅里说爹每在这边房子里摆酒，前来伏侍爹们‖

f　婦～媍

醒三六 28 瑞虹有心问那婦人道：你几岁了？那媍人答道：二十九岁了。又问：那里人氏？答道池阳人氏。瑞虹道：你丈夫不像个池阳人。那婦人道：这是小媍人的后夫。瑞虹道：你几岁死过丈夫的？那媍人道：小媍人夫婦为运粮到此，拙夫一病身亡。……小婦人孤身无倚，只得就从了他‖

d　特地～特的

水三11郑屠笑道：却不是特地来消遣我。鲁达听罢，……跳起身来，……睁眼看着郑屠说道：洒家特的要消遣你‖

n　拿～拏

水二二3可以出一千贯赏钱，行移诸处海捕捉拿便了……相公如何不与老身做主，去拏宋江……如何拏得他父亲兄弟来比捕‖

l　瓦楞帽～瓦壠帽

《金瓶梅词话》九十七回和九十八回说同一个人的穿戴，九七3戴着瓦楞帽儿｜4他戴着新瓦楞帽儿｜九八11头戴瓦壠帽‖

大概"楞"和"壠"都读轻音leng[·ləŋ]一类的音。

z　積讚～積遺～積趲

水七一13积遺得些家私｜七三13便来收拾房中积趲下的黄白之资｜金七11就是积儹了几两银子，都使在这房子上｜六四4他自已也儹勾了十来两银子｜醒三22逐日将本钱扣出，馀下的积趲上去｜27这十两银子你做经纪的人积趲不易｜《广韵》缓韵："儹，聚也"，作管切。古合口今读开口，積儹jīzǎn口语常用。

c　瓷～磁

醒三四4景德镇……马头去处，镇上百姓都以烧造瓷器为业｜5乙大做就磁胚，就是浑家描画花草人物｜做磁胚刘三旺的儿子‖

"瓷"和"磁"本来不同音,《切韵》系统分属脂之两韵,后世同音,有人混用。"磁"是"磁石、磁铁"的"磁","磁胚"当作"瓷坯",是瓷器的坯子。"胚"和"坯"同音通用,两字《切韵》系统都在灰韵,意思也有关联,现代方言也有同音的。北京"胚"音pēi;"坯"音pī,也有人读pēi。

s 筭~算

水七一5地会星神筭子蒋敬|11掌管考筭钱粮支出纳入一员 神算子蒋敬‖

《说文》五上20筭字段注:"此谓筭筹,与算数字各用,计之所谓算也,古书多不别。"

zh 直~值

金十六5他还有些香蜡细货,也直几百两银子|好的也值四五两银子‖醒三九18即写硃票差人遍召快手,各带兵器,到县直宿防卫……此时值宿兵快,恰好刚到‖

"直钱、直班"的"直"本不从人,从人的"值"是加偏旁分化出来的。

ch 船~舩~舡

水九一3张顺道:我有四个人,要渡江过去,那里有舡觅一只。婆婆道:舩却那里去讨,近日吕师囊听得大军来和他厮杀,都把船只拘管过润州去了‖

"船"字的"口"简化成"厶","船"就成为"舩","公"和"工"同音替代,"舩"就成为"舡"。参看5.3节。

sh 舍~捨

醒三四3道人道:你莫非懊悔,不捨得这车子钱财么?世间难得捨财人……因为那僧人舍不得这一车子钱,

把个活神仙当面挫过‖

“舍”字上声、去声两音。从手的“捨”是加手旁分化出来的，上声。

r　攘～嚷

金五一20［潘金莲问］你两口子攘的是些甚么？［陈经济道］他说我那里养老婆，和我嚷，骂我这一日‖

从手的“攘”是本字，从口的“嚷”是后起的。

j　发跡～发积

《古今小说一刻》总目第二十一卷临安里钱婆留发积，正文题目作发跡｜水二三14武都头，你今日发跡了｜醒三十2后来发积时，大大报你的情罢‖

“发跡”是正字，“发积”是同音替代的繁化字。

q　取～娶

金十六3我那边房子盖了才好。不然，娶你过去，没有住房。妇人道，既有实心取奴家去｜水二四30这个人见今取在家里｜金三12这个人见今已娶在家里‖

金十六的例是对话，用“娶”用“取”不一致。后两个例句说的同一件事，《金瓶梅词话》这一部分大致沿袭《水浒传》，但是字句略有不同。《说文》十二下4：“娶，取妇也。”段注：“经典多叚取为娶。”现在通行从女的字形。水二四4：“那妇人道：莫不别处有婶婶，可取来厮会也好。武松道：武二并不曾婚娶。”这个“取”是接的意思，由此可见字形分化的必要。又古三九4：“遣人到严州取了妻子。”这里“取”也是说接。

x　壻～婿～偦

水二七9又把这个女儿招赘小人做了女壻｜警三七4

万绣娘死了夫婿｜5万绣娘死了夫壻｜金十七3女儿女偦｜4女儿女婿｜金七四13把他嫁与一偦‖

《说文》一上40："婿或从女。""壻"是男的，所以从士。"婿"是女之夫，所以从女。从人是后起的字，现在不通行。

g 岡～崗

容与堂本《水浒传》二三《景阳岡武松打虎》共十四页，回目和正文"岡"字共见四十三次，没有一次写成上头从山的"崗"。《金瓶梅词话》一《景阳岡武松打虎》回目用"岡"字，第四页上头从山的"崗"见八次，上头不从山的"岡"只见一次。

k 捆～綑～緭～緄

水二八5趂饱带你去土牢里，去把索子緄翻｜也是把你来緄了｜三十8把武松一索捆翻｜七三11李逵把那汉捆做一块｜金六五16豆芽菜儿有甚綑儿｜七二18豆芽菜有甚正条緭儿也怎的‖

"捆"和"綑"是现行的写法。《说文》七上48作"稛"，从禾困声。后代改作"困"声，音更符合。金七二18作"緭"，还是从囷旁。昆字《广韵》见母不送气，现代多数方言读送气的k声母，《水浒传》作"緄"，可见所据方言昆字已经读k声母。

h 火併～夥併

水十九10自相火併｜12林教头必然有火併王伦之意｜不由他不火併｜14不要火併｜15火併了这不仁之贼｜二十12火併了王伦｜四七9自从夥併王伦之后‖

"同火、火併"是本字，"火"写作"夥"是后起的分化字。

ø 懊悔～忺悔｜殷勤～慇懃｜顽～玩～翫｜元来～原来

醒二十 12 只怕后来忺悔｜66 懊悔昔时错听了谗言 ‖
“懊”是正字，“忺”是简笔字。

水十二 9 只说杨志自在梁中书府中，早晚殷勤听候使唤｜杨志新来，未有相识，自去梁府宿歇，早晚慇懃听候使唤 ‖
贯华堂本十六 17 和十七 16 两处都作“殷勤”，反映从心的写法后起，《说文》十下 45 的“慇”跟“殷勤”不相干。

金七三 13 我今日见此花甚盛，竟请吾兄赏玩｜19 又顽了这一日 ‖ 水二三 14 武松心闲，走出县前来闲翫｜七四 6 当时燕青遊翫了一遭 ‖
“顽”字平声删韵五還切，“玩、翫”两字去声五换切，“顽”字跟今音 wán 符合。参看下文 5.2 节。

醒二十 68 且说张权解审恤刑，却原是杨洪这班人押解。元来捕人拿了强盗，每至审录，俱要原捕押解｜69 元来正是这贼｜71 原来都是这贼的奸计 ‖
参看下文 5.11 节“原来”本作“元来”。

3.4 古字

小说也用古字。这里所谓古字限于底下两层意思：一是字的形体据篆书隶定，就是笔画模仿篆书；二是字的用法跟古籍相同，跟现代不同。后者举“早晚”的“早”写作“蚤”为例。前者举四项例子：“眉”字，“望”字，“走”和从“走”的字，“鳥”和从“鳥”的字以及类似的字。前三项古体比今体笔画多，第四项古体比今体笔画少。至于“搬”字作“般”字，本不从手；“現”字作“見”字，本不从王；都见下节“本字”。

（1）眉

“眉毛”的“眉”一般都写作“眉”，如金九六5“你每会唱懒画眉不会｜6满怀忧闷锁眉头｜8扫帚眉”，可是小说里有时依篆书笔法写作“睂”。

水十八4睂似卧蚕｜金八三8淡画睂儿斜插梳｜一百7睂敛远山｜警三七3皱双睂｜15睁开睂下眼‖

（2）望

《说文》十二下46亡部：“望，出亡在外，望其还也，从亡，朢省声。”又八上46𡈼（他鼎切）部：“朢，月满也，……从月从臣从𡈼。”段注：“此与望各字，望从朢省声，今则望行而朢废矣。”可是《金瓶梅词话》常用“朢”字。

金五五2朢东京进发｜4也朢见西门庆了｜6乘轿朢太师府来不题｜8朢山东而行｜只朢着雪洞里｜朢了一回不见｜10都来朢西门庆｜七八1张菊轩指朢陞转他一步儿｜七九16次日何千户要来朢｜21只指朢西门庆还好‖

（3）“走”和从“走”的字

《说文》二上31走部“走”，通行写法是“走”。小说“走”字无论单用作偏旁，都有写作“走”的。

金七八1荆都监起身｜七九22放声号哭起来｜一百3四方盗起如屯蜂｜古五3似起马灯一般｜醒二八1早起唤儿子说知｜3若论起吴衙内｜辞别僚友起程‖

《警世通言》卷三十七《万秀娘仇报山亭儿》“走”字和从“走”的字用得很多，对比如下：

走15	起3	赶3	越2
走1	起6	赶7	赴1

合计“趓”和从“趓”的23个，“走”和从“走”的15个。这里只举两个例句：

警三七4当时趐思量趐烦恼｜12拽开脚步便趓，相次趓到尹宗家中‖

以上三项都是古体字笔画多，以下一项古体字笔画少。

（4）“鳥”字和从“鳥”的字及其他

以前有些讲究写字的人，嫌楷书“鳥烏舄（古鵲字）焉”等字以及这些字用作偏旁，底下从四点不合六书（不合篆书笔法），故意写成两点“ㇺ”。凭作者总的印象，这类字小说里是从四点的多，从两点的少。这里讨论的是古体，所以多举从两点的字。

《水浒传》第一回开头就引诗，第一句是“绛帻鷄人报晓籌”，“鷄”字从四点。可是四十六回和四十七回说到时迁偷雞，只有四十七回两处用从隹的“雞”：水四七9眉批：“比偷雞又狠些”｜四七11攘雞无赖笑对迁‖四十六回11—13从两点的“鷄”用了十五次；四十七回还用了三次，1和8“報曉鷄”各一见，“偷鷄吃”一见。

《水浒传》七十一回4石碣上刻字和8掌管钱粮头领都有“撲天鵰李应”，“鵰”字从四点。可是四十七回卷首和正文目录“撲天鵰双修生死书”，四十七回正文3，6，7，12等四页“撲天鵰”见五次，“鵰”字都从两点。［以下“鳥”字、“寫”字、“塢”字等底下从两点的右上角加小^{2}。］又：

水七13恰似皂鶻^{2}追紫燕，浑如猛虎啖羊羔｜四六12鷂^{2}鹰扑了去｜四七3鶻^{2}眼鹰睛头似虎‖

金三六1寫^{2}着什么言词｜2教我开了寫^{2}去｜五一

15看见礼帖上寫[2]着浙绸二端｜19上面寫[2]着鲜猪一口｜五六7好教他寫寫｜五七8就寫上五百两‖

金十六9教他买办鶏[2]鵝[2]鴨[2]置酒｜五六2鲜鱼鵝[2]鴨[2]｜自在花园藏春塢[2]游玩｜那藏春塢[2]有的是果树｜鴉[2]青叚（当作段）子袄儿｜七九17鴿[2]子雛儿（三见）｜鴿子雛儿（一见）｜八十1林踈鳥[2]不栖｜2丢下子如班鳩[2]跌弹｜5恨杜鵑[2]声透珠簾‖

警三七18有似皂鵰[2]追困鴈，浑如雪鶻[2]打寒鳩[2]‖这例子四个鸟旁字中有三个从两点，一个从四点。

（5）蚤

《说文》十三下1䖵部：蝨，齧人跳蟲也，从䖵叉声。蚤，蝨或从虫。段注："经传多假为早字。"‖小说有时把"早"字写成"蚤"字，以下用～代替。

古二九1～年孤苦｜3明～入城｜4来～入城｜7吃了～饭｜10因～晚不便｜警一4可惜颜回命～亡｜四15安排～饭｜～晚常有村农数百在此左近伺候他来‖

《说文》三下17"叉，手足甲也。"段注："叉爪古今字。"后人不明白"蚤"从叉声，小说里又重新形声化为"蜡"或"蟍"。《水浒》容与堂本七一6石碣上有"地贼星鼓上蜡时迁"，下文10梁山泊军中走报机密步军头领四员有"鼓上蜡时迁"。（以上两个"鼓"字都从皮，都是俗体。）贯华堂本七五13作"鼓上蚤"，17作"鼓上皂"。"皂"是假借字。（以上两个"鼓"字都是正体。）

金三四9小的蛇蟍脸儿，好大面皮儿‖

注意新形声字"蟍"从虫，这里繁化从䖵。

3.5　本字

本字往往也是古字。上一节已经限定古字的意思。这一节所谓本字用法也有限制。推求本字首先要讨论音韵。这本小书不想多说音韵，本节的内容限于指出若干专用字是从广用字分化出来的，那些广用字就是专用字的本字。这里举七个例子："搬运、搬家"的"搬"本作不从手的"般"字。"碼头"的"碼"字本来就是"一匹馬"的"馬"字。"瘋狂"和"瘋子"的"瘋"本来不从病旁，跟"風雨"的"風"字相同。"鸡蛋"的"蛋"本来跟"弹丸"的"弹"相同。"抽屜"的"屜"本来是"替代、替换"的"替"。"厲害"本来作"利害"。其中"碼头、瘋狂、厲害"的写法后起，小说里很难碰到。其他四个字都是广用字和专用字并用，例如"弹"和"蛋"并用。

（1）般

"搬"的本字是"般"。《广韵》桓韵："般，般运"，北潘切。小说里通常用手旁的"搬"字，偶然还用不从手的"般"。

> 水二四 11 二哥做甚么便搬了去｜七一 13 谁敢阻当，公然搬取上山｜金七 12 将妇人床帐装奁箱笼，搬的搬，抬的抬，一阵风都搬去了｜十六 3 奴这床后茶叶箱内还藏着四十斤沉香，二百斤白蜡，两罐子水银，八十斤胡椒椒，你明日都般出来‖

胡椒是外来调味品，"胡"字受"椒"字同化加木旁，此处"胡椒"两字当衍一字。

（2）馬头

"碼头"的本字是"馬头"，小说都写本字。

金六四4到馬头上，搭在乡里船上往苏州原籍去了｜七九17船到馬头｜八一2少不的置酒馬头作别饯行｜3在临清一带馬头，迎着客货而买……在馬头上发卖了一千两布货｜6引诱在馬头上各唱店中歌楼上饮酒｜九二2前往临清馬头上寻缺货去……这临清闸上是个热闹繁华大馬头去处｜九三12往馬头上游玩｜九九9分付李安将馬头大酒店还归本主｜醒二一3在山东兖州府馬头上｜三四4饶州府浮梁县有景德镇是个馬头去处｜三六29只得停泊馬头等候‖

（3）風话、風了

“瘋子、瘋狂”的“瘋”本作“風”，现在通行作“瘋”。“瘋”这个字形见于《集韵》，注云“頭病”。小说里都作“風”，这里举些例子。

水二四19=金二10你看这風婆子只是風。我不是風，他家自有亲老公｜水五三16李逵见他们害怕，越说起風话来｜古五1酒后又要狂言乱叫，发風骂坐｜二十3吾故意装瘋做痴｜罗童越要風，叫走不动｜警十五4这風道士必然假托｜醒八15两个说風话要子｜二十65王员外道：你莫不風了？廷秀又笑道，就是風了也让我自去，不干你们事｜二三15你今日想是風了｜这婆子说话真个風了｜19倒風得有趣｜20真个害風了｜你今日真真害風，说出许多風话来｜31莫要贪杯吃醉了要酒風‖

（4）鸡蛋

“鸡蛋”的“蛋”本作“弹”。

金五二5苍蝇不钻没缝的鸡弹（又十九7和八六

10）｜五九9［那猫儿］调养得十分肥壮，毛内可藏一鸡弹｜二一5说道李大姐生了弹｜二五6平白惹老娘骂你那毴脸弹子｜六八14麻着七八个脸弹子｜七三18那臢脸弹子｜八二9你搗的鬼如泥弹儿圆‖参考《脂砚斋重评石头记》庚辰［公元一七六〇年］本六一1449又道是苍蝇不抱没缝的鸡蛋‖

《金瓶梅词话》偶然也用“蛋”字，七一10又拿上一盏肉员子馄饨鸡蛋头脑汤‖现在“蛋”字又走上形声化的道路，1979年9月15日北京电视，“一疍十种做法”有“豆腐蒸疍”。《朴通事谚解》上5：“爜鸽子弹。”又36：“这个是鸡鴠。”《单字解》1弹字注：“平声，鼓爪曰弹；又纠（纠）也，劾也。去声，丸也；俗呼鸡子曰鸡弹，通作鴠。”

（5）抽替

“抽屉、笼屉”的“屉”本作“替”，因可以替换得名。现在举《金瓶梅词话》为例，说明“抽替”的不同写法。

金四六11抽开抽梯｜五十8向床背阁抽替内｜五八21我屋里抽替内有块腊肉儿哩｜七三19接过来，似有如无掠liào在抽屉内｜七五22放在抽檙内｜八六11一张抽替卓儿‖

“抽替”是本字。因为是木器家具，“替”有时加木字旁。“梯”字是木旁音近替代字。“屉”是新造的字。

（6）利害

“厉害”本作“利害”。“厉害”的写法晚起，小说里都用“利害”。

金七9男子汉虽利害，不打那勤谨省事之妻｜五八10

后边有狗哩，好不利害，只咬大腿｜七四3嘴头子虽利害，到也没什么心｜古一27两个丫环被婆子把甜话儿偎他，又把利害话儿吓他｜十20官府口气利害｜十九6水最湍急利害，无风亦浪｜警三四（当从目录作三五）15况爷的板子利害，况爷的夹棍也利害｜醒十三27那孙神通一身妖法，好不利害｜十七9因见公公打得利害‖

（7）見xiàn

通行的习惯，“見”字音jiàn，“現”字音xiàn。古籍“現”字也写作“見”，“現”是后起的分化字。小说里“現”字常写作“見”。以下举例，“見”字音xiàn一律注音。参看4.2节。

水二三7阳谷县为这景阳冈上新有一只大虫，近来伤害人命，見xiàn今杖限各乡里正，並猎户人等，打捕未获。‖

这个印信榜文说“新”说“近来”说“見今”，可见“見今”是“現今”。

金八七3月娘見他現做提刑官｜7我見xiàn钟不打，却打铸钟‖“見xiàn钟”句可比较《拍案惊奇》（上海古籍出版社本）三九8这是現钟不打，又去炼铜了‖

“月娘”句是同一个句子“見”字和“現”字同时使用，可见多音字字形分化的好处。

警三十七1万员外在布帘底下，张見陶铁僧这厮栾四十五（当作四五十）見xiàn钱在手里。……只見陶铁僧栾了四五十钱，鹰觑鹘望，看布帘里面约莫没人見，把那見xiàn钱怀中便搋chuāi‖

“見”jiàn和“見”xiàn连用，可见多音字字形分化的必要。

3.6 同音替代和音近替代

小说里同音替代和音近替代的字很多。以下举例，在括弧中注出正字，相近的正字只注一次。

金七八3早起来施朱付（敷）粉｜8若是有些甫馀（富裕）儿也罢｜六七9使着手不得闲謄（腾）｜你謄謄与他罢｜七九12搽的那脸倒相（像）腻（泥）抹儿抹的一般｜七八8粉妆腻脸｜醒二三16我若不说，便不是受人之托，终（忠）人之事｜水七四9净（静）净地献台上只三个人｜金五五11求他亲（青）目的话｜古二六2有两个时辰不醒（省）人事｜水七五5便去拔了屑（楔）子叫一声船漏了｜五一5头醋不艶（醲）彻底薄｜金七二16点了一盏浓浓艶艶……六安雀舌芽茶｜七三17多着些茶叶，顿的苦艶艶我吃｜四六18路死路埋，倒在洋（阳）沟里就是棺材｜九四7奶奶因他拿药与奶奶吃来，奶奶说我肚子里有甚么，［拿］这月（药）来灌我‖

这些同音字里头，只有极少数可以说是简化，例如“敷粉”作“付粉”，“静静”作“净净”，“像”作“相”。“药”作“月”是方言同音字，也是简化。“醲”写作“艶”也简了几笔，比较贯华堂本《水浒传》五五10“头醋不醲二醋薄”。“青目”写成“亲目”也是方言同音字，笔画反而增加了。比较金四九7“只是望乞到那里青目青目”。“不省人事”写成“不醒人事”是同音替代，还有意义相近的干扰。同页下文就有“昏迷不醒”和“不意沈秀正苏醒”。“不省人事”写成“不醒人事”，笔画反而增加。

有的同音字很有意思：

水七四4店小二问道，那隔落头房里便是。

金三七7到明日房子也替你寻得一所，强如在这僻格刺子里。

金三一10蹦蹦门槛儿……把懷子骨挃折了。

隔落和格刺都是角落，吴语里说“角落頭”，北京话说gālár。小腿和脚之间，左右两侧的突起部分北京叫huái·zigǔ，平常写作“踝子骨”。《广韵》马韵：“踝，足骨也，胡瓦切。”胡瓦切照例读huà，音跟huái不合。“踝胡瓦切”跟huái的关系有待研究。不过《金瓶梅词话》的写法证实当时已经有“懷子骨”的说法了。

有些同音字显然是错字。例如《金瓶梅词话》里王六儿的弟弟王经，在七一回7—9页五见，两次是“王经”，三次是“黄经”。那大概是因为书刻在吴语地区，吴语中“王”“黄”不分。又如武大前妻之女“名唤迎兒”，见金第一回9页。可是八七回5—10页见十一次，都作“蝇儿”。有的表面上是错字，实际上是如实记录语言。现在先举“正经”的例，再举“正经”写作“正景”的例。

金五五3明日有正经事，却不敢多饮｜六九15到老爹根前哀告，讨你那命正经｜七六4和12他是真材实料，正经夫妻｜13倒（当作到）老还疼你那正经夫妻｜八五10正经成房立纪老婆且打靠后‖

金三9拿上些人情去走走，讨得一张半张卓面，到是正景｜七二2正景有孩子还死了哩｜8伯爵道：说正景话，我头八寸三｜七三7正景姐姐分付的曲儿不教他唱（又见下文9，无他字）｜八八12他还有正景大奶奶｜九四3正景两位管事的，你倒不可轻视了他｜9正景下边孙二娘｜九五6正景二奶奶孙氏‖

“正景”似乎是“正经”之误，其实不然。现行写法当然是“正经”，可是北京口语是“正景”，第二字上声，不是阴平。这个可以拿《脂砚斋重评石头记》为旁证。

甲戌本六15那蓉大爷才是他的正紧姪儿呢。

己卯本六8和庚辰本六153都作“正经”，乾隆抄本百廿回《红楼梦》稿六6也作“正经”。（其他异文如己卯本“姪”作“侄”，与当前的问题无关，下文不再讨论。）

甲戌本七9又来当什么正紧事问我。

己卯本七6，庚辰本七168，《红楼梦》稿七4均作“正经”。

甲戌本十六8到有一件正紧事，……正紧靠着我们爷只怕我还饿死了呢。

己卯本十六6，庚辰本十六133均同，只有百廿回稿十六3—4作“正经”。

甲戌本二五5朱笔夹批：写宝玉文字，此等方是正紧笔墨……写林代玉文字，此等方是正紧笔墨。

庚辰本墨笔夹批同。己卯本此回残缺。《红楼梦》稿无批语。现在北京话里“景”是jǐng，“紧”是jǐn，写作“紧”是因为抄写时“景”“紧”不分。

3.7 形声字的变化

形声字声旁的改变一般是新的声旁更接近于全字音。这里举“划船、笑话、蹲、辈、狐狸”为例。

（1）“划船”写作“搳船”

“划船”的“划”huá《集韵》或从手作找（跟现在“寻找”的“找”zhǎo同形）。“划”的音跟“戈”字相差很远，容与堂本《水浒传》第十九回写作“搳”，“华”跟“划”同音。

水十九4何涛便差搳着两只小舡（船），……再差五个做公的又搳两只舡去探路。这几个做公的搳了两只舡又去了‖

贯华堂本二三9这四个“搳”字都作“划”。

（2）“笑话”写作“笑譁”

“话”字是常用字，改从华声，“笑话”繁化成“笑譁”，有点出人意料。仔细一想，可以说在意料之中。“话”字《说文》三上15作“䛡”，从言𠯑声；《广韵》夬韵下快切。《说文》二上27“𠯑”字段注：“凡𠯑声字隶变皆为舌，如括刮之类。”“𠯑”字《集韵》末韵古活切。《说文》大徐本三上1：“舌，在口，所以言也。别味也，从干从口。”“舌”字《广韵》食列切，现在写作从千从口。从古音说，“話”字跟“𠯑”字可以谐声。从今音说，“話”字跟“𠯑”字或“舌”字音都相差太远，所以“話”改从华声。

水二四27＝金三8官人休笑话｜水二四28＝金三8官人休要笑话‖《金瓶梅词话》“笑譁”至少两见。金五一8你笑譁我没这五两银子盘缠了，要你的银子｜五二9你休笑譁‖

（3）“蹲”写作“蹾”

《广韵》魂韵：“蹲，坐也，《说文》踞也，”徂尊切。今音作dūn，跟反切不合。《金瓶梅词话》也写作“蹾”，声旁跟今音密切符合。

金三八4我只怕你蹾的腿酸，拿过枕头来，你垫着坐｜于是蹲跪在他面前，吮吞数次｜五十6他便骑在上面，兜其股，蹲踞而提之｜五十一12不想傍边蹲踞着一个白狮子猫儿｜八二5蹲踞溺尿｜九六10众人都吃毕饭，闲坐的，跕（站）的，也有蹾着的‖

（4）“辈”写作“輩、䡝”

“辈”字在小说里的写法很有意思。一个写作从北从車，一个写作从北从卑。

金七十13妬量（似当作良）才喜亲小輩｜警三八1晋人有云：情之所钟，正在这輩｜到得此輩募缘，偏肯整几两价布施‖水二七10江湖上前輩，绿林中有名｜

《脂砚斋重评石头记》甲戌本十四3：“三四䡝子的老脸就顾不成了。”十五回“䡝”字屡见。己卯本、庚辰本均作“輩”。又后两本第十七回至十八回前批语云：

近之谚云：又要马儿好，又要马儿不吃草，真骂尽无厌贪痴之輩。

《说文》十四上53：“辈字从车，非声。”段注：“俗从北，非声也。”《广韵》队韵：“輩俗作輩。”《说文》“辈”从非声是古音，就今音说，北京辈bèi，非fēi，北běi，卑bēi。“北、卑”读b声母ei韵母以后，“輩”就从北声，“䡝”就从北声又从卑声了。

《水浒传》卷首《梁山泊一百单八人优劣》3如秦明呼延灼等䡝‖下半是“卑”字；上半是“非”字和“北”字的结合，介乎从非从北之间。

（5）“狐狸”写作“𤞍狸”

“狐狸”写成“𤞍狸”，那是因为“狐”和“瓜”不同音，“狐”

和“胡”同音。金七八10花狐狸｜警三六13一个猢狸精‖这个写法跟“胡狲”写成“猢狲”类似。水二四34“含鸟猢狲”和“小猢狲”各两见。

“搼船、笑譁、蹾、輩、韋、猢狸”这些写法都没有行开。3.4节“蚤”的新写法“蛯”和“蜾”也都没有行开。

（6）“恥”写作“耻”

形声字的变化要算“恥”变成“耻”最有意思。《说文》十下50：“恥，辱也，从心耳声。”《广韵》敕里切。《集韵》或作誀，那就是从言耳声。《马王堆汉墓帛书》[壹]《老子》乙本卷前古佚书《君正》第20行，释文第47页：

民富则有佴，有佴则号令成俗而刑伐不犯。

“佴”即“恥”字，从人耳声。（“伐”和“罚”同音，“伐”借为“罚”。）耳日母字，恥彻母字，两字《广韵》都在止韵。上古音日母和彻母可以谐声。后代音变，今音“耳”是ěr，“恥”是chǐ，相差比较远。“恥”改成“耻”，好像是从耳止声。今音“恥”跟“止zhǐ”，只有送气不送气之别，小说里“恥”多数作“耻”就是因为“恥”“止”音近的缘故。

古六1岂不可恥｜水二三9休要恁地不识羞耻｜休要这般不识廉耻（可见恁地就是这般，廉耻在这里是羞耻的意思｜贯华堂本二七18两恥字都从心）｜金七12贱没廉耻老狗骨头｜醒四26上报知己之恩，下雪摧残之耻｜二八23今蒙耻禀知母亲‖

（7）加形旁，改形旁

加形旁、改形旁有两种情况，一是根据意义，二是受上下文同化，当然这两项不能严格分开。以下的例子以部首口、寸、手、木、火、羊、耳、肉、金、鸟为序。有时举出正字，以资比较。

口部——水五四2众人喝采｜众人喝哶（两见）｜五七1众人见了喝哶｜金七九6连声响喨｜醒二十40声音响喨｜46一声响亮｜十五2婆婆口嚛，媳妇耳顽｜醒三九12嗞味还未曾尝，怎说不知餍足‖“采”字、“亮”字、“絮”字加口旁，“滋”字改成口旁，都受上下文同化。

寸部——“叵”pǒ字从反可，读“不可”的合音，是“不可”的意思。“叵耐”是“不可耐，受不了，可恶”的意思。小说里“叵耐”常常写成“尀耐”，“叵”字受“耐”字同化也从寸。

水七9尀耐这陆谦畜生｜三八5尀耐这鸟主人不肯借与我｜四七5尀耐那厮枉与他许多年结生死之交｜8尀耐那厮十分无礼（水浒四例贯华堂本分别见于十一18，四二9，五一9，15）｜古三八7尀耐这瞎老驴‖容与堂本两处，贯华堂本一处，“尀”字的叵旁误作“巨”。有意思的是水十四6只叵奈雷横那厮‖“耐”字作“奈”，“叵”字就不从寸。不过贯华堂本十八13作“叵耐”。

手部——金十二5孙寡嘴把李家明间内供养的镀金铜佛搙在裤腰里｜八十8递了一包东西与李铭，搙在腰里‖《石头记》甲戌本十五10凤姐因怕通灵玉失落，便等宝玉睡下，命人拿来搙在自己枕边‖塞要用手，所以加手旁。

木部——水七9林冲立在楜梯上叫道｜五六5那个梅香开楼门下楜梯响（响）｜下得胡梯｜六九5却才上楜梯｜金十六3八十斤胡楜椒‖“胡楜椒”衍一“胡”字或“楜”字，“楜”字受“梯”字和“椒”字同化加木旁。

火部——金五二9两碟㸑烂鸽子雏儿｜七九17不一时顿

烂了鸽子雏儿｜七五21小玉在后边爔点心哩｜七六5烹炮bāo蒸煑｜警三三6（眉批）欲火近干柴，即使不熖，亦非體（似当作禮）矣‖"烹炮蒸煑"本来从火，"顿"类推从火，"蒸"再加火旁是叠床架屋。"着火"的"着"加"火"很容易理解。

羊部——水七3杀翻一口猪，一腔羊｜二三12牵一羫羊，挑一担酒｜醒二三22我是天生天化，踏着尾羓头便动的‖"一腔羊"，"腔"是"羊"的量词，所以改从羊。

耳部——金五六5只教老婆耳聧里受用｜古三七4长老把手摸着这小儿的头，在着小儿的耳聧，轻轻的说几句（但古二七13扯耳朵）‖"耳朵"写成"耳聧"，显然受"耳"字的同化。又金十一4一只手拧着秋菊的耳躲｜亲耳躲听见你还骂他｜六八20侧着耳躲听你什么好物件儿｜七三17又问你耳躲上坠子怎的只带着一只｜八五4盆儿礶儿都有耳躲｜三五8休吹到我耳垜内‖身旁可能是耳旁的变化，比较"職"字本从耳旁，或从身旁。至于"耳朵"写成"耳垜"，恐怕只是任意加形旁。

肉部——水四七6你这厮口边脉腥未退，头上胎发犹存（贯华堂本五一10作脉腥）｜金七六1教任医官胗脉｜醒二八19然后到后舱胗脉，胗过脉，复至中舱坐下｜20先探了病源方才胗脉｜21又细细问了病者起居饮食，才去胗脉｜胗过了脉‖"妳"nǎi在小说里也作"奶"，如金四八6妳子如意儿｜7奶子如意儿‖现在作"奶"。"妳"和"诊"受"腥"和"脉"同化改从肉旁。诊脉就是号脉。

金部——水十七13眉头重上三锽锁，腹内填平万斛愁｜金六一26眉头搭上三黄锁，腹内包藏万斛愁｜醒十三18眉头搭上双镄锁，腹内新添万斛愁｜古三六8见一具肐膊来大三簧锁锁着土库门‖“簧”是正字，指锁里头的弹簧。“簧”写成“黄”省去竹字头，“簧”写成“镄”因为锁是金属的，“簧”写成“锽”是新造的形声字，眉头上锁是说愁眉不展。水三11鲁达再入一步，踏住胸脯，提起那错钵儿大小拳头‖这是鲁提辖（鲁达）拳打镇关西（郑屠）。水二九10武松追入一步，踏住胸脯，提起这醋钵儿大小拳头‖这是武松醉打蒋门神。二九10残损处据书尾校补表，“醋”字的西字头和昔字笔画还看得出来。两处文句大同小异，三11“醋”字受“钵”字同化改从金旁。

鸟部——水六九5弹打鵿鸠‖“斑鸠”是正字，“斑”从鳥是受“鸠”字同化。

（8）偏旁互相同化不限于词的内部

有人说偏旁互相同化的字是一个词，这是想当然耳。这种说法只能解释“耳朵”写成“耳聧”一类现象，不能解释“一腔羊”写成“一羫羊”。“一腔羊”是数量名格式，是一个羊，不是一个词。全七二12两边门对写着：启运元勋第，山河礲砺家‖百衲本影印黄善夫本《史记》十八1：“使河如帶，泰山如厉，国以永宁，爰及苗裔。”《说文》九下19：“厉，旱石也。”段注：“俗以义异异其形，凡砥厉字作砺，凡劝勉字作励。”所以“带厉”写成“带砺”。百衲本影印宋小字本《晋书》五九1：“锡之山川，誓以带礪。”“厲”因意义分化出从石的“礪”，“带”受“礪”同化也从石。“带”是衣带，“礪”是“礪”石，“带礪”不是一个词。古十九12他便夜来变妖作怪，百般惊吓你‖怪同化于妖，勉强可以说一个词拆开了。醒三九13一个似积年石臼，经几多碎捣零搗‖“捣”和“舂”是两个动词，并非一个词拆开的。水七3大碗斟酒，大魂切肉（贯华堂本十一8作塊）｜醒三五大碗酒，大塊肉，整套穿衣，论秤分金‖“魂”字写成石旁是受“碗”字远距离同化。水七二6笙歌嘹喨｜金六一6只见板壁缝儿透过灯喨儿来……喨腾腾点着灯烛……连身（当从下文10及九七6作声）响喨｜七一2日光掩映，十分明晥（疑当作晥）｜八7取过来迎晥处只一照｜二四8睡了多大回？就天晥了｜九四7粥晥泠（当作冷）了‖“嘹亮、响亮、明亮”分别写成“嘹喨、响喨、明晥”，可以说是词内部的偏旁同化。“灯亮儿”和“亮腾腾”的“亮”从口只能说是受“响喨”远距离同化。“明亮”的“亮”从日是受“明”字同化。“亮处”的“亮”从日大概是因为有日光处就是亮处。“天亮了”的“亮”从日很好理解。“晥冷了”的写法和现在通行的“晾冷了”类似，都从日。

金六八18那马跑踍跳跃，一直去了‖“咆哮”受“跳跃”同化，都改从足旁，难道这里是四个字一个词。可以参看水二19“只见战马咆哮踢起”。

（9）加形旁、改形旁不限时代及其原因

文字受上下文影响，加形旁或改形旁，这种现象古已有之。这里举《诗经》里的两个例子。《国风·关雎》：“辗转反侧”，“展”字受“转”字同化加车旁。段玉裁《诗经小学》（《拜经堂丛书》本）云：

> 按古惟用“展转”。《诗·释文》曰：“辗本亦作展，吕忱从车展。”知“辗”字起于《字林》。《说文》：展，转也。

《马王堆汉墓帛书》[壹]《老子》甲本卷后古佚书《五行》引《关雎》作“婘槫反厕”。

《小雅·大东》：“杼柚其空”，“轴”字受“杼”字同化改从

木旁。《释文》:“柚音逐,本又作轴。”《诗经小学》云:

按机轴似车轴,故同名。柚是橘柚字,因杼字从木而改轴亦从木,非也。镛堂按,《太玄·挩》云:“棘木为杼,削木为轴。杼轴既施,民得以燠。”可证“杼轴”之“轴”本不从木。《太平御览》四百八十四又八百二十五俱引《诗》“杼轴其空”,是唐以前本皆从车。

加形旁、改形旁的俗字,不单古已有之,小说里也很多,今天还常常可以见到。这里举两个例子来说。先说加形旁的。

请勿扶门,严防挟手。(北京市内24路公共汽车车门上印的标语)

“夹手”是把手夹住,所以“夹”字写成从手的“挟”。上句又有“扶”字做仿效加手旁的依据。“挟”字也见于容与堂本《水浒传》。如第二回史进擒陈达那一段,第二十七回武松跟孙二娘搏斗那一段。

容与堂本水二19史进卖个破绽,让陈达把枪望心窝里搠来。史进却把腰一闪,陈达和枪撷入怀里来。史进轻舒猿臂,款纽狼腰,只一挟把陈达轻轻摘离了嵌花鞍。(贯华堂本六33—34同)

容与堂本水二七8[武松]却把两只腿望那妇人下半截只一挟,压在妇人身上。(贯华堂本三一15同)

公共汽车上印标语的人决非根据《水浒传》,只是人同此心,心同此理,古今暗合而已。再说改形旁的。

专做祺袍。(北京朝阳门内南小街一家裁缝铺门口的广告)

“旗袍”本来是旗人妇女穿的袍子,现在不分汉人旗人都穿,恐怕有的人连旗袍的来历也不知道，只知道服装的字该从衣旁，衣旁省一笔就成示旁，“旗袍”就变成“祺袍”了。

从结构上说，汉字绝大多数是形声字，形旁跟全字的意义有关，声旁跟全字的读音有关。因而在使用汉字的社会形成一种“形声化”的潜意识，这就转化为加形旁、改形旁、改声旁、新造形声字的习惯。

再进一步地寻根究底，加形旁、改形旁、改声旁、新造形声字的原因要从汉字的性质来看。汉字是语素文字（logogram），有形有音有义。《尔雅·释训》释文引张揖《杂字》云：“训者谓字有意义也。”北京话有1400个音节，北京话的语素比音节总要多若干倍。《广韵》（斟酌用《集韵》补充）约有4000个音节，当时汉语的语素的数目一定还要多得多。要区分同音的语素，加形旁、改形旁是理有固然，势所必至。

上文所举加形旁、改形旁的俗字，多数是不合适的，如“喝啋、嗞味”等。恐怕有的读者会据此得出错误的印象，以为加形旁、改形旁是要不得的。这里要强调指出，适当地使用这种方法来区分多音字，区分多义字，使文字更加明确，是合理的。比如“扇”字分化成“扇”和“搧”。

“扇”字《广韵》有去声式战切shàn和平声式连切shān两音，去声是名词，平声是动词。《集韵》有从手的“搧”字，专用作动词。《集韵》平声尸连切[＝式连切]有“搧，批也。｜扇，摇翣”。按注解都是动词。“翣”也是扇子，“摇翣”就是摇扇子。现在举些“扇”字（名词去声）和“搧”字（动词平声）连用的例子。金五二5只顾搧扇子｜五四2政（正）待打开衣带，搧搧扇子‖《警世通言》第二卷《庄子休鼓盆成大道》共用“扇”字

15 次，都是名词；“搧”字 12 次，都是动词。

> 警二 3 手运齐纨素扇，向塚连搧不已｜为何举扇搧土｜运扇如故｜4 因此举扇搧之｜举扇无力｜素白纨扇｜举手照塚顶连搧数搧｜连那纨扇送庄生｜受其纨扇｜看了纨扇｜此扇从何而得？庄生将妇人搧塚，要土乾改嫁之言述了一遍。此扇即搧土之物｜5 死后人人欲搧坟｜夺过纨扇｜6 可惜前日纨扇扯碎了，留得在此，好把与你搧坟｜9 将扇搧坟｜夺他纨扇，替他搧土，将那把纨扇带回｜12 如何等待搧乾坟‖

研究文字要了解古字、本字，但是不能迷信古字、本字。有人根据“搧”字本作“扇”，主张把“搧”字简化为“扇”，虽然合于古，可是不便于今天使用。由此可见研究文字演变，不仅有学术意义，还有现实意义。如上文所说，“扇”字本来是多音字，分化为“扇”shàn 字和“搧”shān 字，可以区分不同的字音，不同的词类，是一种进步。“搧”字重新简化为“扇”是不合适的。

3.8 简化字

这一节讨论简化字，写的方式跟以上各节略有不同。因为上文已经多次举过简化字的例子，尤其是 3.3 节。这里只挑些有意思的例子来说。

（1）简化字应避免歧义

《金瓶梅词话》“襖”字往往简化作“袄”。四五 9“襖儿”一见，“袄儿”三见，“袄子”一见。四六 11—13“皮袄”二十六见。六二 20“襖”一见，“襖儿”两见。上文 3.3 节 ø 声母醒二十先用“忕悔”，后用“懊悔”。有人主张依此类推，“澳洲”的“澳”也写成“沃”，“肥沃”的“沃”仍读wò。这样一来，“沃”就变成多音字。有意识地提倡多音字，实在不是好办法。文字是一种符号，要尽可能避免歧义。自然的演变提供好些论证。比方说：

脈 =	脉	派 ≠	泳
mài	mài	pài	yǒng

《说文》十一下 6 “𠂢”从反永。《广韵》麦韵“脈”，经典亦作“脉”。跟肉旁组合，正永反永通用，都是mài。跟水旁组合，“派”和“泳”不同音，所以不能通用。

“難”字简化成“难”。“雞”和“鷄”本来通用，“奚”字旁简化成“又”只能配“鳥”旁，不能配“隹”旁，否则“雞”字和“難”字就分不清了，参看 5.3 节。

现在举个有意思的例子。《脂砚斋重评石头记》己卯本、庚辰本和乾隆抄本百廿回《红楼梦》稿第六十二回“鸡”字的写法对比如下：

己卯本六二 8 因见席上有难

庚辰本六二 1465 因见席上又难

百廿回稿六二 3 因见席上有鸡

己卯本用朱笔圈去“难”字，旁加“鸡肉”二字。庚辰本用墨笔点去“又难”二字，旁加“有鸡肉”三字。这是“雞”不宜写成“难”不易得的证据，说明“雞→难”字确有误会成“難”字的事。（从庚辰本的“難”字，可以推定庚辰本所据底本跟己卯本相同，“雞”字先简化成“难”字，庚辰本抄手把“难”字还原成“難”字。）

（2）“撕”简化成“搽”

有的简笔字不是一眼就看得出来的。比方容与堂本《水浒传》的“搽”字，要比较才能看出来是什么字。

水二八7那人便把熟鸡来搽了，将注子里好酒筛下｜三十14再把这只熟鹅除来，右手扯着，把左手搽来，只顾自吃｜四六12把这鸡来，手撕开吃了‖

从四六12的“撕”，可以推定“搽”字是“撕”字的简体。以上三例贯华堂本分别见于三二16，三四23，五十20三面，作“斯了，斯来，斯开”，并在“斯了”下加夹注：“诗云：斧以斯之，是此斯字出处也。俗本作撕字。”（参看《说文》十四上31及段注。）由此可见金圣叹把所见俗本的“撕”改作不从手的古体。容与堂本两处字从“系”，可以这样解释：“斯”“丝”同音，从系就是“丝”省声。（“斯”字《广韵》支韵字，“丝”字是之韵字，都是心母字，在《水浒传》写作、传抄、刻印时，这两字已经同音了。）

（3）“簟”简化成“甸”

“垫子”的“垫”本作“簟”，《金瓶梅词话》常写成同音字“甸”。（“垫”［《广韵》都念切］本来是下陷的意思，也借作“𧯅［徒念切］，支也”。）

水二八6一个便把藤簟、纱帐将来，挂起［纱帐］，铺子藤簟｜金三七11替他稍个拜佛的蒲甸儿来｜卖蒲甸的｜甸儿｜12蒲甸儿｜卖蒲甸的｜粗甸子｜明年稍双料好蒲甸来｜五九5床前设两绣甸矮椅｜六五12都是锦绣卓帏，妆花椅甸‖

（4）“医官”简化成“一官、乙官”

“一”字只有一笔。某个字假如简化成“一”字，那就简化到极点，无可再简了。《金瓶梅词话》里，“任醫官”屡次简化成“任一官”或“任乙官”。随手举些例子。“任醫官”金五八9三见，六一18两见，六一19两见，七六1—2九见。“任一官”七八12一见，七八15一见。“任乙官”七九13一见，七九14一见。最有意思的是金五五1“任醫官”和“任一官”各三见。

（5）“意念儿”简化成“一念儿”

《金瓶梅词话》还常用“一念儿”，值得注意。

> 金六二11这一套衣服并这件首饰儿，与你做一念儿｜这些衣物，与你做一念儿｜12我每人与你这两对金裹头簪儿，两枝金花儿，做一念儿｜六三6他还挂牵着你，留了件东西儿与你做一念儿｜八五10你老人家拿出他箱子来，拣上色的包与他两套，教薛嫂儿替他拿了去，做个一念儿｜九一9玉楼止留一对银回回壶，与哥儿耍子，做一念儿｜九六4我实承望要回了这张床去，也做他老人家一念儿‖

影印本八五10的“一”字描润作“记”。“记”字怎么会老写成“一”字呢？这里的“一”字大概是“意”字或“憶”字的简笔字。水二七11小人只恨不曾救得这个人，心里常常意念他（贯华堂三一20作憶念他）｜“意念”是动词，“一（意）念儿”就是名词。北京人现在还说，“做个意念儿”。往前追溯，唐代张文成《游仙窟》就有“十娘咏曰：眼心俱憶念”。

3.9 繁化字

本书在很多处都提到繁化字，加形旁就是一种繁化方式。本节分两部分。第一部分先举四个比较特殊的例子。“丫鬟”

的“丫”本来笔画很少，写成繁化的“娅”。“竈”字和“雙”字本来笔画就够多的了，还繁上加繁。还有“一定”繁化成“以定、已定”。第二部分是加笔字。

（1）“丫鬟”写成“娅嬛”

旧时婢女叫“丫鬟”。《广韵》：“丫，象物开之形”，於加切。“鬟，髻鬟”，户关切。据说“丫鬟”因头发分开梳两髻而得名。“丫鬟”写作“娅嬛”，出来两个新字。

水三十6张都监着丫鬟养娘斟酒相劝｜7丫嬛斟酒｜五六7徐宁妻子并两个娅嬛，如热鏊子上蚂蚁，走头无路（五六4—7娅嬛共十三见）｜七二11娅嬛说道｜12妳子娅嬛连忙收拾过了杯盘什物，扛过台卓，洒扫亭轩‖

“丫鬟”是女的，写成“娅嬛”两个字都从女。“丫”字本来是象形字，写成从女亚声的形声字，可能还有一个避免混淆的理由。“了”字是常用字，“丫”字和“了”字形体太相近，写成“娅”便于跟“了”字区别。请注意，七十二回的“亞字旁”当中两横两竖都是通的，写起来刻起来也许方便些；不像五十六回的“亞字旁”当中是“空十字”，写起来刻起来麻烦。

（2）“竈”字的繁化

“竈”字《说文》有两个写法，笔画多的占了上风。《说文》七下17竃，炊竈也，从穴，鼀省声。竈，或不省作。段注：今人皆作竈。

水二七6去竈上取一笼馒头来｜金七六5竈上整理菜蔬｜古三六18就竈头合儿里多撮些物料在里面‖

“竈”的简笔字从火从土作“灶”，是后起的会意字。俗字土帝加点，“灶”写成“灶”。

水三一10次到厨房里，灶下杀死两个丫嬛｜金十8不令他上锅抹灶｜九十11这春梅听见，要买他来家上皂（这是同音替代，又见于金一百7,8），要打他嘴，以报平昔之仇。对守备说：雪娥善能上灶‖

“竈”字的笔画够多了，小说里还有更繁的写法，底下写成“龜”字的样子，下文用浪号“～”表示。

水三一3却把这两个尸首拖放～前去了｜古十八2有茶炉丹～更有钓鱼船｜三八4妇人去～前安排中饭｜警三三6到晚周氏叫小二关了大门，去～上盪一注子酒，……小二在灶前烧火｜10教周氏去～前捉把劈柴斧头‖

其中《水浒》的字形，右下方的“×”的上下左右还有四点，不怕繁居然到了这步田地。说到这里，不由得令人想起《颜氏家训·书证》指摘的鄙俗字，其中有“竈鼈从龜”。以后陆德明《经典释文·叙录》和张守节《史记正义·论字例》都重复这个例。可见小说的繁文古已有之。

（3）“雙”字的繁化

“一隻”是“隻”，《说文》的注解是手里拿一隻鸟。“一雙”是“雙”，《说文》的注解是手里拿两隻鸟。底下的“又”是手的意思。加笔字把“又”改成“夂”，“隻”字和“雙”字各增加一笔。例见下文。繁化得更利害的把“雙”写成“雙”，现在用“～”表示。

水九七1花荣神箭世无～｜金八六13～手奉与我｜14～膝跪下｜八七9～手去斡开他胸脯｜八八1～名昌期｜古二九1～名宣教｜自幼父母～亡｜2红莲～眼泪下｜警三17一岁二春～八月，人间两度春秋（今年闰了个

八月，正月立春，十二月又是立春）‖

（4）"一定"繁化成"以定、已定"

说到"醫"字和"意"字简化成"一"字的例子，不能不带便说说"一"字繁化的例子。（这里不讨论"一"字的大写"壹"。）小说里"一定"繁化成"以定、已定"的很常见。先说《水浒传》。水五 13 洒家从前山下去时，以定吃那厮们撞见，不如就此间滚将下去｜二九 8 这武松假醉佯颠，斜着眼看了一看，心中自忖道：这个大汉以定是蒋门神了｜七四 4 既是敢来劈牌，要做天下对手，不是小可的人，怕人筭他，以定是假装做害病的 ‖ 这三个例子，前两例见于贯华堂本九 25 和三三 16，都作"一定"，可见容与堂本"以定"是"一定"的繁化。因为贯华堂本删去七十二回及以后各回，所以第三例无可核对。

再说《金瓶梅词话》和《醒世恒言》。

金六八 19 我猜见你六娘没了，已定教我去替他打听亲事｜七八 20 若老夫人尊票到，贱荆已定趋赴｜八八 12 叫了我去已定赏我 ‖ 醒二三 22 你不消多说了，以定是有那个人儿看上了我家夫人 ‖

请比较底下两句：

金十四 9 大娘生日八月十五，二娘好歹来走走。李瓶儿道：不消说，一定都来。

金六九 8 这十一月十五日是太太生日。……我在下已定来与太太登堂拜寿。（竹坡本"已定"作"一定"。）

"已定来"就是"一定来"的繁化。

以上举的繁化字，以及其他各节说的繁化字，可以说明汉字有一种繁化的趋势。不过更大宗的繁化字还是加笔画的俗字，现在分三组（加点、加撇、加其他笔画）举例，略加说明。

（5）加点的俗字（以下加笔的俗字用浪号“～”代替）

土→圡　水二六 5 便叫～兵打了一条麻绦｜金九六 12 抬出～来‖

吐→吐　水二四 32 笑～舌尖｜二五 5 见他口里～血｜金三八 1 伯爵见西门庆～了口儿‖

肚→肚　水七二 13 一～子怒气｜金三 12 三钟酒下～｜五三 17 口渴～饥‖

灶→灶　金九 2 上～丫头｜三五 20 冷～上着一把儿，热～上着一把儿‖

社→社　水七四 9 怀中取出相扑～条｜金四 1～稷‖

壁→壁　金七 5 粉青照～｜八 12 一道板～‖

牡→牡　水二四 32～丹‖

壮→壮　水二四 13 表～不如里～｜七六 9 守旗的～士｜金一 13 人物～健‖

装→装　金七 10 嫁～箱笼‖

莊→莊　水七三 10～上｜警三七 18～前～后‖

馱→馱　水二四 17 骏马却～痴汉走｜金八 9 交割了箱～‖

丈→丈　金八六 5～母｜古十 17～夫‖

杖→杖　水七三 9 背着一把荆～｜背上负着一把荆～｜金一百 12 浑身～痕‖

仗→仗　水二七 12～千百斤英雄气力‖

拽→拽　水二四 23 把门～上｜古六 9 拖拖～～‖

洩→洩　古十 21 一肚子恼怒此时也不好发～‖

牀→牀　水二五 4～底下｜11 一～锦被｜二八 6 干干净

净的～帐‖

枕→桄　水二一 12 自倚了绣～｜二四 31 共～‖

躭→躭　水八 4 枉自两相～误｜金四 1 有好一歇儿～阁‖

處→處　水二八 7 这般去～｜此～｜三十 14 一～｜甚么去～｜ 15 今在何～‖

瞑→瞑　警二 6 我庄某死亦～目‖

石→石　金九九 8［刀］在～上磨了两磨｜一百 13 一柄宝～绦环‖

纸→纸　金五六 9 都写在～上｜七三 13 取～笔忙写八句颂曰‖

插→揷　金五一 7 交我把门～了不出来｜五五 11 只得～烛也似磕了几个头‖

單→單　醒三 36 小可～只一身‖

含→含　古二六 10 这便是～糊了｜ 15 ～糊请赏｜警二 4 庄生～笑｜醒八 16 ～了一回‖

荒→荒　警二 8 又且山僻～居‖

慌→慌　警二 6 ～忙脱下色衣｜ 10 老苍头～做一堆‖

謊→謊　警二 7 莫非你说～｜怎么说～‖

升→升　金五五 12 且到衙门里～堂画卯‖

挺→挺　水九一 12 各～钢叉入城‖

刃→办　古三七 24 兵不血～‖

忍→忍　古三七 25 曲为～受｜警十五 18 又不～妄扳他人‖

認→認　警十五 18 只得自～了（本句紧接上例之后）‖

“劫”字本来从去从力，俗字有写成“刧刼刦刼”的。容与堂本《水浒传》目录“劫”字用了四次，就有三种写法：四九回孙立孙新大劫牢｜四十回梁山泊好汉刼法场｜四三回假李逵剪径刼单身｜六二回刼法场石秀跳楼‖

（6）加撇的俗字

私→私　金七二17谁和他有～盐～醋？｜警二6以尽～淑之情｜9奴家更积得～房白金二十两‖

金十二9有甚和盐和醋？‖“私”字写成“和”字大概是形近致误。

“篡位”的“篡”底下本从厶，现在印书使用的铅字，就有铸成“篡”的。

蟲→蟲　醒三九10就是鼠～蚂蚁‖

虫→虫　醒三九11还道是鼠～作耗‖

蛾→蛾　醒三九13不想灯光被火～儿扑灭‖

虹蜺→虹蜺　金一1气槩贯～～‖

“蟲”头上加一撇，简化成“虫”，头上也加一撇。“虫”作形旁也加一撇。

厚→厚　醒三36又忠～又老实‖

健→健　醒二十50马前～，假殷勤｜三十8又拨三十名～儿防护｜那些防护～儿‖

迎→迎　金十三7丫鬟～春｜七二11出来～接‖

隻→隻　水二六15两～脚踏住他两～胳膊‖

雙→雙　容与堂本《水浒传》目录十七回青面兽～夺宝珠寺‖四七回扑天雕～修生死书｜四九回解珍解宝～越狱｜五十回吴学究～掌连环计｜六九回宋公明义释～枪将｜七三回梁山泊～献头｜九十回～林渡燕青射雁‖金八七2不怕你

不～手儿送了去｜留下～金环为定礼‖

加点加撇有各种情况。最多的大概是仿效别的字致误，如“驮”字加点是仿效“伏”字，“拽”字加点是仿效“戈、成”一类字，“荒”字加点是仿效“流”字的偏旁，“厚”字加撇是仿效“原”字，“迎”字加撇是仿效“卯、柳”一类字。有的可能是为了区别形近的字，如“土”字加点可能是为了跟“士”字区别。（参考“王”字无点，“玉”字有点。）有的也许是饰笔，如“處”字加点，“蟲”字和“虫”字加撇。以上据加点加撇分类是表面的，只是为了举例的方便。

（7）其他加笔画的俗字

加点、加撇的俗字之外，其他加笔画的俗字，可以分成三项来说。

第一项是仿效别的字加笔画。

俺→俺　水七 6～若撞见那撮鸟时，且教他吃酒家三百禅杖了去｜～们且去，明日再得相会‖

凶→亠凶　警二 9 堂中见（现）摆着个～器｜～器不是生根的｜12 不敢将～服冲动‖

兇→兖　金九九 9 天下～徒人食人｜古二六 14 杀了沈秀的～身，已自捉了｜其实～险，惊得婆儿魂不附体‖

“俺”字旁仿效“僚、燎”等字偏旁加两点。“凶、兇”两字头上仿效“主、立、高”等字加一点一画。“凶”是“吉凶”的“凶”，“凶器”指棺材，“凶服”指孝服。“兇”是“兇恶”的“兇”，“兇身”就是兇手，“兇险”是说非常可怕。

第二项是改成相近的笔画多的偏旁。

冤→寃　金一百 11 解～经呪｜警三七 19 劝君莫要作～

讐｜三八 14 果～～相报有神明‖

寝→寑　金七一 9 解衣就～｜八三 2 上床就～｜警十五 20 和衣而～ ‖

急→㥛　水五 9 只见数个小喽啰，气～败坏走到山寨里｜七二 14 把门军士～待要关门‖

“冖、宀”改从“穴”字头，一目了然，毋须说明。“急”字据《说文》十下 36 心部是从心及声，现在把头上两笔改成“受”字头上的样子。

第三项是把偏旁改成常见的。

叫→呌　水五 7［大王］～道，丈人｜明日～小喽啰山寨里扛一桶好油来｜［大王］～道，娘子｜一头～娘子｜那大王～一声做甚么便打老公｜打得大王～救人｜却听的里面～救人（这一页～共见七次）‖

枣→棗　水七 1 话说那酸～门外‖

刺→刺　水七 7 轻则便～配了他，重则害了他性命｜八 1 林教头～配沧州道‖

策→筞　水七 7 次日商量了计～ ‖

萼→蕚　水三十 6 脸如莲～｜醒二 1 花～楼中合被时｜醒二 3“花～”三见‖

局→咼　见有两个承～望堂里去了‖

莽→漭　古十八 6 有几个粗～汉子‖

蟒→蠎　金六五 10 两匹大红彩～ ‖

怪→恠　金一百 2 惹老爷不见～么｜醒二十 67 大惊小～｜怎敢～姨丈｜二八 16 可不是～事｜ 18 得了～病｜ 21 善识疑难～异之病‖

“叫”改从斗旁，“棗、刺、策”改从朿旁，“蕚”中间两个“口”改成三个“口”的“品”字，“局”字下改从“句”，“莽”底下改从“奔”，“怪”改从“在”，都是把不常见的偏旁改成常见的，或是把原来不成字的偏旁改作成字的。

肆　五种晚明刻本小说用字的演变释例

上一章讨论小说用字，主要是平面的叙述，虽然有时也说到演变。本章主要讨论演变，分别举例说明小说里多音字的分化、多义字的分化和功能的再分配。多音字的点发（发圈）也是一种分化方式，虽然字形的主体并没有变化。

4.1　小说里多音字的分化

这一节举两个例子："輪"字分化成"輪"和"掄"，现在通行；"乾"字分化成"乾"和"乹"，从"干"的字形现在不通行。

（1）"輪"字分化成"輪"和"掄"

《说文》十二上31："抡，择也，从手，侖声。"《广韵》"掄"字谆韵力迍切又魂韵卢昆切。这个字口语不用，照例读lún阳平。我们现在讨论的"掄"字读lūn阴平，跟《说文》的"掄"字无关，是个后起的口语用字。根据新《辞源》1280页，始见于元代杨朝英集《朝野新声太平乐府》七曾瑞卿《斗鹌鹑·风情》：

掄的柄铜锹分外里险。《四部丛刊》影印元代刊本七11

就《水浒传》用例可以推论，"掄"lūn字是从"輪"lūn字分化出来的。下引例两处作"掄"，十四处仍作"輪"。从水二

12例“把一条棒使得风车儿似转”，可以看出“抡”和“輪”在意义上的关联。贯华堂本卷六把容与堂本第二回两个“抡”字都改作“輪”。可见容与堂本不避俗字，贯华堂本有意改字。“輪”字音义分化之后，写成“掄”和“輪”两个字形合适。

水二12那后生就空地当中，把一条棒使得风车儿似转……那后生掄着棒又赶入来｜19史进也怒掄手中刀，骤坐下马来战陈达｜九1［那和尚］提起禅杖，輪起来打两个公人｜4智深輪起禅杖把松树只一下打的树有二寸深痕，齐齐折了｜十七3这汉也輪转手中杆棒枪来迎（当据贯华堂本二一9作“……杆棒，抢来相迎”）｜5那和尚也不回说，輪起手中禅杖只顾打来｜10鲁智深就曹正手里接过禅杖，云飞輪动｜曹正又輪起杆棒｜二三8—9［武松］双手輪起梢棒｜三一4［张团练］便提起一把交椅輪将来｜15那先生手輪着两口宝剑，竟奔武行者。武松……輪起双戒刀，来迎那先生｜四八6［扈三娘］輪两口日月双刀｜六一13李逵輪起双斧来迎｜14鲁智深輪起铁禅杖来迎｜喽啰里走出行者武松，輪两口戒刀，直奔将来‖

金五八14雨点般鞭子輪起来，打的这丫头杀猪也似叫｜五九12寻着猫提溜着脚，远向穿廊，望石台基輪起来只一摔｜九一13輪起拐子，雨点打将下来‖

（2）“乾”字分化成“乾”和“乹”

《说文》十四下20乙部：“乾，从乙，……倝gàn声。”《广韵》“乾”字有渠焉切qián和古寒切gān两音，注引“《字样》云：本音虔。今借为乾湿字”。为区别起见，小说里有时把“乾”gān写成“乹”，好像是从乹（不成字）干声。

《警世通言》卷二《庄子休鼓盆成大道》“乾”gān 字用了 9 次，其中 8 次写成从干的“乹”，这里用“～”替代。

警二 3 忽见一新坟，封土未～｜4 坟土～了，方才可嫁｜新筑之土，如何得就～｜要这新土～燥极易｜水气都尽，其土顿～｜土～改嫁｜11 其脑尚未～枯｜12 如何等待搧～坟‖只有一次写成“乾”:9 待坟土乾燥，方才嫁人。

五十多年前，看见上海出的一种饼干罐头，印的字是“泰康饼乹”以为很新奇。后来知道富善（Chauncey Goodrich）1891 年在通州编的一本小字典把“乾”gān 写成“乹”，跟“乾”qián 分开。一直等到六年前读到《警世通言》的复印本，才知道明朝晚年已经有“乹”的写法。简化字把“乾”gān 简化成“干”，“乾”qián 不简化。令人苦恼的是排字房有时推平头，把“乾坤”和“乾隆”的“乾”qián 也排成“干”。“干”gān 字又作为“幹”gàn 字的简化字。真是左右为难。

4.2　小说里多音字的点发

多字音的点发（发圈）也是一种分化的方式。唐代张守节《史记正义·发字例》云：

古书字少，假借盖多。字或数音，观义点发皆依平上去入。……如字初音者皆为正字，不须点发。……長，直良反，久也；又张丈反，長上也。

点发就是在字的四角画半圈表示平上去入，用来区分多音字。

平声	上声	去声	入声
꜀□	꜂□	□꜄	□꜆

“長”字平声直良反cháng不点发；“长”字上声张丈反zhǎng点发，在字的左上角画半圈表示上声，就是“^{c}長”。实例见下。

古刻本里，精刻的九经三传才点发。明朝晚年刻的“三言”，虽然是不登大雅之堂的小说，却用点发的方式分化多音字。可见当时刻这些小说的人很注意字音的分别。

以下举例，除“朝”cháo和“相”xiàng紧接着之外，以点发的字的拼音方案为序。

> 警四2如今说先$_{c}$朝一个宰相$^{\circ}$｜3［王安石］拜为首相$^{\circ}$。……举$_{c}$朝以为……伊周再生，同声相庆。惟李承之见安石双眼多白，谓是奸邪之相$^{\circ}$｜4安石既为首相$^{\circ}$，与神宗天子相知｜醒二三23你且把夫人平日的性格说说我听。我是劈面相$^{\circ}$，闻声相$^{\circ}$，揣骨相$^{\circ}$，麻衣相$^{\circ}$，达磨相（这字右上角看不出有半圈儿），一下里就知道他的心事了‖

“$_{c}$朝”是“朝廷、朝代”的“朝”，《广韵》平声宵韵直遥切；区别于“朝暮”的“朝”，宵韵陟遥切。这里用点发区别两个平声的字。“相$^{\circ}$”是“宰相、相貌”的“相”，去声漾韵息亮切；区别于“相互”的“相”，《广韵》平声阳韵息良切。

警四2不把恶人當$^{\circ}$做好人么？‖“當做”的“當”《广韵》去声宕韵丁浪切；区别于“应當、當时”的“當”，《广韵》平声唐韵都郎切。

古十八4这还是本分$^{\circ}$之事｜警十一13约至一更时分$^{\circ}$‖《广韵》去声问韵：“分，分剂，扶问切。”去声“分$^{\circ}$”fèn区别于平声广用的“分”fēn。去声“分$^{\circ}$”常常加立人旁，写成“份”。例如“這里面，有你们一份功劳”（《人民日报》1985年

3月8日第一版）｜股份有限公司‖

警一3或有聪明好°学之人‖“好°”是“喜好”的“好”，《广韵》去声号韵呼到切；区别于“好坏”的“好”，《广韵》上声晧韵呼晧切。

醒二一8间°或客人答酒，只得呷下肚里‖“间°”是“间隔、间隙”的“间”，《广韵》去声裥韵古苋切；区别于“中间、房间”的“间”，《广韵》平声山韵古闲切。

古二十5小官三代将°门之子‖“将°”是“将师”的“将”，《广韵》去声漾韵子亮切；区别于“将来”的“将”，《广韵》平声阳韵即良切。

> 警三三18那船主人见了乔俊，吃了一惊，道：乔官人，你一向在ᶜ那里去了？｜醒八14我看姑娘睡在ᶜ那一头，方好来睡｜二一1ᶜ那里有什么裴楷，ᶜ那里有什么王衍，这个杨元礼便真正是神清气清第一品的人物。‖

上声“ᶜ那”nǎ是不定指示词，区别于远指指示词去声“那”nà。“ᶜ那”一般写作“哪”。注意第一句“那”和“ᶜ哪”对比。“那船主人”的“那”是远指指示词。“ᶜ那里去了？”的“ᶜ那里”是问处所的不定指示词。“ᶜ那一头”表示不知道的处所。“ᶜ那里有”是用反问表示否定，是没有的意思。参看5.8节。

醒二十66妹子好了，你日逐思想妹夫，如今已是回了，见°在外边扮戏‖《广韵》霰韵：“见，视也……古电切。”又“见，露也，胡甸切。现，俗。”“见°”点发是胡甸切，区别于“见”古电切。这里用点发区别两个本来都是去声的字。“见°”如今都写作“现”，《广韵》的俗字成了正字。参看3.5节。

醒三 27 又恐怕他一时高兴°‖"兴°"是"兴致、兴趣"的"兴",《广韵》去声证韵许应切;区别于"兴起"的"兴",《广韵》平声蒸韵虚陵切。

警三 12 有年°长知事的居民|醒八 15 我年纪°长似你‖"°长"是"长幼"的"长"zhǎng,《广韵》上声养韵知丈切,区别于"长短"的"长",《广韵》平声阳韵直良切。

醒二一 15 中°了第二名會魁|二三 19 假如我眼里就看得一个人中°意|警十一 14 正中°其意,拽起满篷……船到荡中|他中°了一场进士‖"中°"是动词,《广韵》去声陟仲切;区别于方位词的"中",《广韵》平声陟弓切。

4.3　小说里多义字的分化

(1)"陪"字分化成"陪"和"赔"

"赔"字是从"陪"字分化出来的。《水浒传》多用"陪"字,少用"赔"字,《金瓶梅词话》"赔"字多起来了。现行习惯用"赔"的字,如"赔钱、赔偿",小说常用"陪"字。

> 水四 19 他写书来与众僧陪话|五 10 那员外陪钱去送俺五台山智真长老处落发为僧|九 13 陪着笑脸告道|十 1 却得林冲主张陪话救了他,免送官司,又与他陪了些钱财,方得脱免|二一 8 来陪你话,相伴你要笑| 14 只指望老娘陪气下情| 15 我自明日与你陪话|二四 2 却倒赔些房奁,不要武大一文钱,白白地嫁与他| 8 陪着笑脸迎接道|二七 11 陪了多少小心得来的钱物|三十 1 都来与施恩陪话| 2 一面快去请人来陪话|四六 12 石秀道:不要争,值几钱?倍(当从贯华堂本五十 21 作陪)了你便罢。

店小二道：我的是报晓鸡，店内少他不得，你便陪我十两银子也不济，只要还我鸡。石秀大怒道：你诈哄谁，老爷不陪你便怎地？……杨雄也怒道：好意还你些钱，不陪你怎地拿我去？｜五三7戴宗与他陪话道：丈丈休和他一般见识，小可陪丈丈一分面‖

以上的例子，“陪钱、陪话、陪笑脸”等等一律作“陪”，只有“赔些房奁”作“赔”。

金二2寻叔叔陪话｜五6与他陪了话｜七11难道他娘家陪的东西，也留下他的不成｜七二24就与他陪了礼来儿（当作儿来）｜七六3等我教他来与娘磕头，赔个不是｜与他下个礼，赔了不是儿罢｜4你去与他陪过不是儿，天大事却了｜9他头里与我陪了不是了，只少你与他陪不是去哩｜13走到后边与他赔个不是｜他说我来与你赔不是，不放我来｜七七12三两银子勾做甚么？哥少不得赔些儿｜八六3那里有这些银子陪上？九五4赔他五十两银子｜该赔七十两银子｜5又不与我原物，又不赔我银子｜加倍赔你｜九六4因问小玉：俺娘那张床往那去了，怎的不见？小玉道：俺三娘嫁人，赔了俺三娘去了。月娘走到根前说：因有你爹在日将他带来的那张八步床赔了大姐在陈家。落后他起身却把你娘这张床赔了他嫁人去了｜九七9在大爷手内聘嫁，没甚陪送‖

以上的例子，说到“陪钱”的，一次用“陪”，五次用“赔”；说到“陪嫁”的，“陪”和“赔”各用三次；“陪不是”三次用“陪”，四次用“赔”。“赔”字用的次数越来越多，尤其是用于“陪钱”。

“赔”的使用范围似乎越来越广，如警三10赔罪一番｜醒二八17反赔笑脸道‖有的人认为“赔钱、赔偿”用从贝的“赔”才是正字，那是不知道本字的缘故。

（2）“帐”字的分化

“账目、算账”的“账”字是从“帐子”的“帐”字分化出来的，小说一般都写成从巾的“帐”。

“帐子”的“帐”毋须多举例。

水五7鲁智深坐在帐子里｜9揭起帐子｜金六九8微开锦帐｜九七11里面铺着床帐‖

“账目、算账”的“账”写成从巾的“帐”可以多举几个例子：

水二五11西门庆呼酒保来记了帐｜金十二2等我到家算帐｜等爹到家上帐｜十四6来家还问老婆找起后帐儿来了｜7问人找起后帐儿来了｜五十3和你哥算帐哩。月娘道：就是算帐，没的算恁一日。玳安道：算了帐，爹自家吃酒哩‖4傅伙计恐怕他湿了帐簿｜五四3不算帐（不算数）｜七九3又似来昭媳妇子那一本帐（比喻那一回事）｜8那个已是揭过去的帐｜九八3查算帐目｜4往河下算帐一遭｜古一6自己只带得本钱银两帐目底本｜警二二11都是他记帐｜登帐簿｜三八7要往德清取帐｜8张二官讨帐回家｜旧帐又讨不上手‖

“帐”字的情况跟“赔”字不同，作者浏览所及，五种小说里还没有看到“账”字。依分类说，“账”写作“帐”最好归到3.5本字那一节。现在因为要跟上文“赔”、下文“赚”对比才放在这里说。（《脂砚斋重评石头记》甲戌本十四9混账｜十五10再细细的算账｜算何账目？‖都写成从贝的“账”。）

4.4 小说里用字功能的再分配

这一节举“赚、抓、擋、躺”四字为例。

(1)撰、转、赚

“赚”字在小说里多数用作“赚骗”的意思。“赚钱”的“赚”小说里有“撰、转、赚”三种写法。容与堂本《水浒传》目录五处用“赚”字,都作“赚骗”讲。五六汤隆赚徐宁上山｜五九吴用赚金铃吊挂｜六一吴用智赚玉麒麟｜六四呼延灼月夜赚关胜｜八一戴宗定计赚萧让‖都作“赚骗”讲。现在再举些例子:

水三1凭地时是我赚你们来,捉你请赏｜五10智深只道赚他｜七7赚得他来到楼上｜八1故赚林冲到此｜5恐怕日后两下相悮,赚了你｜三八5他却几时有一锭大银解了,兄长乞他赚漏了这个银去‖“赚漏”是骗取的意思,新《辞源》所释甚是。金八六7明日哄赚进后院｜八七5赚武松去｜九二7到吃婆娘哄赚了‖古二九吾被你赚骗‖醒二十49向日我一时见不到,赚了你终身｜三十1却又怨父母嫁错了对头,赚了终身‖醒两例都是说误了终身,等于受骗。

水二四11撰得好些金银｜28又会撰钱‖金三八7如今好容易撰钱｜六一9要撰你的钱使‖警三七4也有百十钱撰‖金七二24才得转出钱来｜八六4都是如此转钱养家｜14你老人家少转些几罢｜九四9随你转多少‖金九八10只靠老婆赚钱｜警十五22只恨他没本事赚我的钱‖醒三10似你凭地怕羞,如何赚得大主银子｜19刻薄不赚钱,忠厚不折本｜醒三十19你做了个县官,家人尚

没处一注赚一匹绢‖

《水浒传》十七回和十八回“撰”字和“赚”字用法是很好的对比。

十七 13 你们闲常时都在这房里撰钱使用｜15 若是叫兄弟得知，撰得几贯钱使｜16 你只把银子收了去，不要将来赚我｜十八 1 这锭银子是官司信赏得，非是我把来赚你｜2 叫店主人赚开门来打火。

容与堂本《水浒传》“赚骗”的“赚”，贯华堂本写法相同。容与堂本“撰钱”的“撰”，贯华堂本多数也作“赚”。上引水二四 11 和 28 的“撰”贯华堂本二八 21 和 49 作“赚”。水十七 13 的“撰”贯华堂本二一 26 也作“撰”。（水十七 15 那一句贯华堂本完全不同。）

“赚钱”的“赚”本来有“撰、转、赚”三种写法，后来“赚”字逐渐占上风，现在成为唯一的写法。这个道理跟“陪钱、陪偿”的“陪”逐渐变成“赔”，“帐目、算帐”的“帐”后来写成“账”一样。在一般人心目中，这类字似乎写成从贝才合适。

（2）抓、挝、找

小说“抓”字跟“挝”zhuā字通用，又跟“找”zhǎo字通用。（“抓”字有这两个用法，可能反映当时“爪”字已有zhǎo和zhuǎ两音。）现在先举邻近的上下文“二形一音”和“一形二音”的例子：

金五九 9—10 这雪狮子（猫名）……猛然望下一跳，扑将官哥儿身上皆抓破了。……那猫还来赶着他要挝，被迎春打出外边去了。｜金七三 17 耳躲上坠子……乞帐钩子抓下来了。……使他挝了些炭，[放]在火内。｜

金六八 18—19 谁知他做甚么，猛可教我找寻他去。……教我抓寻了个不发心。｜金一百 7—9 韩爱姐……往临请找寻他父母……往前抓寻父母……我爹娘跟了何官人往湖州去了，我要找寻去。……抓寻到湖州何官人家，寻着父母相会见了。（注意，这三页“父母”五见，“母”均作“毋”。）

醒四 27［张委的家人］也有被树枝抓 zhuā 面的。……单不见了张委、张霸二人。……覆身去抓 zhǎo 寻。……又闻说不见了张委，在园内抓寻。……还去抓寻一遍。

金五九和金七三的例证实“抓”通“挝”，金六八和金一百的例证实“抓”通“找”，醒四七的例证实“抓”有“挝”和“找”两音。底下再举些例子：

金一 5 挝在大虫顶花皮……武松尽力挝定那虎｜五一 12 白狮子猫儿……用爪儿来挝｜六七 19 但是人家白日里还好挝挠｜百忙挝不着个人｜七二 4 看挝子儿｜七四 18 我欲待挝了你面皮｜八三 3 娘没的打他这几下儿，与他挝痒痒哩｜古三八 9 把我胸前抓得粉碎（8—9“抓”字同类的用例共六见）｜醒二十 5 如今总是抓破脸了（比较金七四 18 用挝）‖

金一 8 正要到阳谷县抓寻哥哥｜三一 8 随问甚么人来抓寻，休拿出来（本页共见三次“抓寻”）｜13 教我那里抓寻他去｜六四 4 一面使人往门外绢铺找寻｜七一 17 抓寻了半日｜金八一 6 使我来找寻船只｜九六 7 守备……分付道：我一向委你寻你奶奶兄弟，如何不用心找寻。二人告道：小的一向找寻来，一地里寻不着下落，已回了奶奶

话了。守备道：限你二人五日，若找寻不着，讨分晓｜12那里不曾找寻舅舅‖

"找"字除找寻外，还有"找补、找钱"的意思。《金瓶梅词话》有这种用法的例子。金十四7依着西门庆，这边（指西门庆）还要（要字据影印本毛笔添注补）找过几百两银子与他（指花子虚）凑买房子｜五四4白来创又该找还常时节三个棋子，口里道输在这三着了。

现在的习惯是zhuā写"抓"，zhǎo写"找"，zhuā间或有人写"挝"，zhǎo恐怕没有写成"抓"的。

（3）當、擋、攩、搪、盪

《广韵》和《集韵》都没有"阻擋"的"擋"dǎng，小说里这个字有"當、擋、攩、搪"四种写法。（"當"这个形体《广韵》、《集韵》有平去两音，没有上声的音；这里不举平声、去声的例，只举上声的例。）

水五13那伙客人抵當不住｜十一8阻當官军｜二二2知县情知阻當不住｜二四23他若起身走了家去时，我却难道阻當他？｜五四13，七八6，八五2，九八14有万夫不當之勇｜七一13为是无人可以抵當｜八一3两个到得城门边，把门军當住。燕青……说道：你做甚么當我？｜九一12守江面南军拦當不住｜古二二15胡氏不能阻擋｜三十9门窗无些阻當｜警三七15尹宗一个怎抵當得两人｜醒二八19—20再三阻當不住｜三九18如何抵當？｜让我者生，擋我者死｜金四八10常言兵来将擋，水来土掩｜一百4边兵抵擋不住｜八四6拦擋不放｜八八4拦攩不放｜古十八7便推他去當头阵｜攩过头阵｜二九12况兼柳妈妈亲生之女，谁敢阻攩｜15妈妈谁敢阻當｜警十一12徐能却怕兄弟阻攩他｜醒八6你怎不阻攩住了｜十3郑二娘攩抵不开｜古六7无人拦攩｜四十31妇人说得句句有理，张千李万抵搪不过。

容与堂本水三二3且把酒来盪寒‖“盪”字这么用少见，贯华堂本三六5作“攩”。

现行的习惯“阻擋”专用“擋”的写法，“當”字只有平去两音。

《说文》十二上34：“攩，朋群也。”段注：“此乡黨、黨与本字，俗用黨者，假借字也。”“攩”字在小说里用作“抵擋”的“攩”，又用作“躺”，见下段(4)。《康熙字典》手部二十画：“今俗用为抵攩字。”可见研究文字，必须结合语言，从字形入手而又不拘泥于字形。

(4)倘、挡、攩

“躺”tǎng字《集韵》作“踢”，小说作“倘、挡、攩”，因此躺着的“躺”有时就跟“倘或”的“倘”同形。先举几条容与堂本《水浒传》的例，括弧中注明贯华堂本异文。

本二三9把大虫打做一块，却似倘着一个锦布袋（贯华堂本无此句）｜比较金一6把那大虫打死，倘卧着，却似一个绵布袋｜10倘或又跳出一只大虫来时（贯华堂本二七19同）｜四五20两个尸首倘在地上（贯华堂本四九35倘作攩）｜四七9倘有过失（贯华堂本五一17倘作攩）‖下文不再举“倘或”的例。

金三五3你先行，等我略倘倘儿就去｜他便倘剌在床上｜五二18孩子便倘在席上，登手登脚的怪哭｜六九12

一个个都倘在板凳上｜七九3见倘在床上｜九四6见他倘在床上叫｜7春梅倘在床上面朝里睡｜警十五18见秀童倘在板门（当作门板）上｜金十一6揣在床上｜古二六4见了这没头尸首攩在地上‖

现在的写法"躺着"跟"倘或"严格分开,"躺"不用"揣、攩"的写法。

伍　汉字演变的几个趋势

5.1　引言

从甲骨文到现在，汉字有三千多年的历史。公元100年，即汉和帝永元十二年庚子，许慎作《说文解字》，共收字10 516个，包括重文1163个。五百年之后，公元601年，即隋文帝仁寿元年辛酉，陆法言作《切韵》，共收字12 158个。再过四百年，公元1008年，即宋真宗大中祥符元年戊申，陈彭年等人校定《广韵》，共收字26 194个。再过三十年，公元1039年，即宋仁宗宝元二年己卯，丁度等人修定《集韵》，共收字53 525个，比《广韵》增加27 331个。[①]

《说文》的计算法以形体为标准，不论是单音字多音字，一个形体算一个。其他三种是韵书，按音排列，多音字按音重出，同一个形体，有几个音就按几个字计算。《集韵》广收异体

① 《说文解字·叙》："粤在永元困顿之年"，段注："汉和帝永元十二年，岁在庚子。……《后汉书》贾逵于和帝永元十三年卒，时年七十二。然则许之撰《说文解字》，先逵卒一年，用功伊始，盖恐失队所闻也。自永元庚子，至建光辛酉，凡历二十二年，而其子冲献之。"《说文》的字数见本书叙。《说文》以后字书的字数，据封演《封氏闻见记》卷二"文字"条，魏李登《声类》11 520字，晋吕忱《字林》12 824字，后魏杨承庆《字统》13 734字，梁顾野王《玉篇》16 917字。又"声韵"条著录《切韵》的字数。《广韵》的字数见本书卷首。《集韵》卷首《韵例》云："字五万三千五百二十五"，元注云："新增二万七千三百三十一字。"两数差额就是《广韵》的字数，可见新增是据《广韵》新增的意思。

异读，所以字数大增。从语言的观点看，有些异体字其实是一个字，只是书写方式不同而已。目前使用的一般字典，收字在7000到10 000之间，其中较常用的约三四千。汉字使用的年代悠久，通行的地区广大，数目又多。要研究汉字的演变，需要多数人多年的努力。本章并非从古到今的叙述，只是从现代常用字里挑选一些例子，试图说明汉字形体的演变，有这么几个趋势而已。

文字是记录语言的，有形、音、义三方面。本章主要讨论形体的演变。《汉字简化方案》不在本文讨论范围之内。形体的演变不能离开音义来研究，只有结合音义，才能理解形体的演变。也就是说，只有结合语言，才能看出文字演变的趋势。

5.2 守旧与创新

文字的历史有稳定的方面，又有变动的方面。文字是传统，父子相传，今天的汉字，不单跟近来发现的两千年前的秦汉竹简和帛书有很多共同之处，就是三千年前的甲骨文，跟今天的汉字也还有不少是相同的。文字又是大众使用的信息媒介，不能轻易改变。这是说的文字有稳定的一面。学习文字，运用文字，不单纯是守旧，同时也是创新。又守旧又创新，这就是演变。掌握语言，运用语言，不光是模仿的过程，也是创造的过程。这一点已得到公认。其实不光语言如此，文字也是如此。可以举铝字、饱字为例。

金文“铝”也作“吕”：

> 隹正月初吉，辰在丁亥，鼄（邾）公牼择𠂤吉金，玄镠鏞吕，自作龢钟。（邾公牼钟）

玄镠鏞铝（邵鐘）

玄镠铺铝（吉日剑）

“铝”或“吕”是铸铜器的原料，是一种铜。《方言》卷七：“燕齐摩铝谓之希”。《广雅》卷八《释器》：“铝谓之错”。又卷三《释诂》“鑢磨也”。王注云：

> 鑢者，《说文》“鑢，错铜铁也。”……《大雅·抑》笺云：“玉之缺可磨鑢而平。”郑众注《考工记》云：“摩䥶之器。”《方言》云：“燕齐摩铝谓之希。”鑢、䥶、铝并同。

“铝”是“磨错”的意思，与金文不同。现在用“铝”指金属元素aluminium。造“铝”字的化学家，不一定知道《方言》有这个字，更不见得知道周代铜器上有这个字，应该说是个创造。时不分古今，周代人、汉代人、现代人分别造从金从吕的形声字，用法不同，造字的心理是相同的。

北京公共食堂的菜牌有时把包子写作“饱子”，有人看了发笑。最近我看到广州市味精食品厂出的双桥牌发酵粉，塑料袋上印的说明就把“面包、包点”的“包”写作“饱”。地不分南北，“包”字加食旁的心理过程也是一样的。包字加食旁造成形声字本身无可非议。成问题的是“饱”字久已用为“饥饱”的“饱”bǎo，上声，并且是常用字。新造的“饱”字跟它冲突，不宜推广。后人造的新字形体跟古字或通行的字相同，是常见的现象，下文还要提到。这种创新的过程往往是无意的，或者在有意无意之间。

后人抄写古书或刻印古书，有时无心写错字，这叫作“书经三写，乌焉成马”。“已亥涉河”变成“三豕涉河”，就是这个缘故。《吕氏春秋》卷二十二《慎行论·察传》：“子夏之晋过卫，有读史记者曰，晋师三豕涉河。子夏曰，非也，是己亥也。夫己与三相近，豕与亥相似。至於晋而问之，则曰晋师己亥涉河也。”有时有意改古书，要求书上的文字符合当代的习惯和本人的看法。（当然这些改动也会造成错误。）这样一来，书籍传抄刻印的过程，也就是文字不断“当代化”的过程，也就是文字演变的过程。现在举《北史》和《红楼梦》的异文为例。张元济的《校史随笔》专门讨论二十四史文字异同。《随笔》70页《北史·多存古字》一节在王鸣盛所举的古字以外，又检得信州路刊本《北史》比通行本多二十余字。转录两条如下：

[通行本]传第七《彭城王勰传》，乃夜进安车於郡廳事。第五十六《豆卢勣传》，有白乌飞上廳前。是本（信州路刊本）两廳字均作聽。

[通行本]传第二十四《薛端传》，梁主萧察曾献瑪瑙钟。第四十一《鲜于世荣传》，及周武帝入代，送瑪瑙酒钟与之。是本两瑪瑙字，一作馬瑙，一作馬腦。

由此可见通行本《北史》更改古字。

1957年10月排印的一部《红楼梦》，“出版说明”认为“似的、是的”两见，“是的”错得极为显然，径加改正。“顽、玩”（指“玩要”义）一律改作“玩”。没有考虑到北京话说“像什么是shì的”，不说“似sì的”。“顽要”的“顽”字本作“顽”，是二等字。北京“玩”和“顽”一二等不分。就北京音看，就是同音字的合并。从分一二等的方言看，“顽要”的“顽”字当作“顽”。是shì和似sì本来不同音。为的迁就现在很多出版物上常见“像什么似的”，编字典的人就给“似”也注个shì的音。就跟“望东、望西”很多人写作“往东、往西”，字典就给“往”

也注个去声wàng的音一样。

有意的改写，常常拿无意的创新做根据，推广无意的创新，互相感染，就成为一时的习惯。刚才说的“廳事”的“廳”从广，“瑪瑙”从玉，“顽要”写作“玩要”，“什么是的”写成“什么似的”，就是这样推广开来的。至于“包子、面包”写成“饱子、面饱”，是不容易推广的。

传世古籍屡经抄刊，屡经“当代化”，某字某种演变始于何时往往无法查考，始见于何书也难于查考。我们只能一面采用前人的说法，一面根据文献来检验补充。《四部丛刊》本《说文》十四下5辛部：“辠，犯法也，从辛从自，言辠人蹙鼻苦辛之忧，秦以辠似皇字，改为罪。”徐铉校曰：“自，古者以为鼻字，故从自。徂贿切。”十四下22段注：“此志改字之始也。”又七下41网部“罪”字段注：“按经典多出秦后，故皆作罪。”《睡虎地秦墓竹简》“辠”字常见，均作“辠”。[①]《马王堆汉墓帛书》[壹]“罪”字常见，均作“罪”。可见的确有过改字的事。《汉书》“辠、罪”两见，是古今字并用。

《说文》十一下2“原”字徐铉校曰：“今别作源，非是。”《广韵》平声元韵：“源，水原曰源。……《说文》本作厵，篆文省作原，后人加水。”（《切三》元韵有“源”字。）汉朝初年的马王堆帛书用“原”字，也用“源”字。《老子乙本及卷前古佚

---

① 《睡虎地秦墓竹简》线装本（1977年9月第一版第一次印刷）《南郡守腾文书》图版第4行“毋巨于辠”，第七行“此皆大辠殹（也）”。释文第16—17页作“罪”。按本书下文释文体例当作“罪（辠）”。平装本（1978年11月第一版第一次印刷）第17页注⑮云：

……罪，原作辠，《说文》：“秦以辠似皇字，改为罪。”但秦简和会稽刻石都仍写作辠。……

书》133 行下“道有原而无端”，字作“原”。《老子甲本及卷后古佚书》331 行：“文王源耳目之生而知其好声色也”，“生”就是“性”，下文还有“源鼻口之生……源手足之生……源□之生……”，一连用四个从水的“源”字。可见“源”字起于《说文》以前。要不是今本《说文》脱落“源”字，就是许慎失收。

《说文》之外，有很多古书对文字演变的研究也很重要。本章只是初步的讨论，只举两条作为样品。这两条都说明某字始见于某书。

《说文》三下 14 丮部孰字段注：“后人乃分别熟为生熟，孰为谁孰矣。”曹宪《博雅音》（胡文焕本三 2）：“唯顾野王《玉篇》孰字加火，未知所出。”

张参《五经文字·序》云（序题大历十一年，即公元 776 年）：“若祧祢逍遥之类，《说文》漏略，今得之于《字林》。”（《开成石经》本，下同。）

5.3 形体简化

文字为了便于书写，要求形体省略，有简化的趋势。文字为了便于理解，要求音义明确，有繁化的趋势。这两种趋势都是古已有之的。现在先说形体的简化。从大篆到小篆，从篆书到隶书，都是从繁到省。《说文》一下 48—53 艸部有 53 个字，重文两个字，大篆从“茻”。从“茻”的大篆后世不用了，后世通行的是从“艸”的。例如用“芥、葱、苇、蓬”等字。星星的“星”和早晨的“晨”《说文》七上 22—23 都有从“晶”从“日”两种写法，现在从“晶”的“曐”和“曟”不用了，用的是从“日”的。单衣的“單”《说文》八上 60 作“襌”，生薑的

"堇"《说文》一下5作"蓳"。甲骨文"昏"字本从"氏"。秦汉时出现从"民"的"昬"。大概是因为氏民形近,[①]民昬音近。马王堆帛书《老子》甲本41行:"民多利器而邦家兹昬",乙本193行下"昏"字不很清楚。甲本116行:"播之而弗得",乙本229行上和甲本相同。《说文》七上7日部:"昏,日冥也,从日氏省,低者下也;一曰民声。"《广韵》平声魂韵:"昏,《说文》曰,日冥也,亦作昬,呼昆切。"《说文》十二上35手部:"播,抚也,从手昏声,一曰摹也。"《广韵》平声真韵:"播,抚也",武巾切。"昬"字唐代避李世民讳改作"昏",从"昬"的字改作从"昏"。[②]避讳的结果倒成了简化和复古。

《说文》十四上9金部:"鍼,所以缝也。"五上16竹部:"箴,缀衣箴也。"两字略有分别。现在合并为"针"字。只有在"箴言、箴规"等场合才用"箴"字。

《说文》十四上7金部:"鑯,铁器也。"段注:"盖锐利之器,郭注《尔雅》用为今之尖字。[再成锐上为]融丘,鑯顶者。"《广雅》卷四下9《释诂》:"鑯、锐也。"王注:"鑯者,《尔雅》山锐而高峤,郭璞注云:言鑯峻。……今俗作尖。"《切三》平声盐韵:"尖,子廉反",不收"鑯"字。王仁昫《刊谬补缺切韵》"尖"字注"上小下大",是用分析字形的办法释义。

再举个不见于《说文》的例子。《广韵》平声删韵:"櫦,关门机,出《通俗文》,数还切。"范成大《桂海虞衡志》说临桂

① 《三国志》卷六十二:是仪字子羽,北海营陵人也。本姓"氏",初为县吏。后仕郡,郡相孔融嘲仪,言"氏"字"民"无上,可改为"是",乃遂改焉。

② 张参《五经文字》心部:"愍,伤也。缘庙讳偏傍准式省从氏。凡泯昬之类皆从氏。"

“櫰”字俗书作“閅”《知不足斋丛书》本31页，现在各地通行。

文字简化有一定的限度，《汉书》“草”也作“屮”，“坤”也作“巛”。如《百衲本》影印景祐本《汉书》五八上1：“朱屮生”，3：“朱草生”；九七上1：“故易基乾坤”，九九下4：“乘乾车，驾巛马。”“屮、巛”分别见于《说文》《广雅》。《说文》一下1：“屮，……古文或以为艸字。”《广雅》卷一上11释诂“巛，顺也”，卷四下17释诂“巛，柔也”。现在通行的还是“草”（有人也写作“艸”）和“坤”，而不是“屮”和“巛”。“屮”竞争不过“艸”和“草”，“巛”竞争不过“坤”。

“口”字作为偏旁，有简化成“厶”的，但是只有少数字得到公认，有很多字韵书上虽然著录，但今天并不通用。《说文》三上4：“句，曲也。”段注：“后人句曲音鉤，章句音屦，又改句曲字为勾。此浅俗分别，不可与道古也。”全本《王韵》平声侯韵：“句，句龙，俗作勾。”《广韵》：“鉤，曲也，又剑属。《字样》句之类并无著厶者。”可见唐宋时流行著“厶”的写法。现在“句gōu曲”写作“勾曲”（“鉤”也作“钩”），跟“章句jù”的“句”形、音、义分化。虽然不合乎古，却不能不说是个进步。勾曲的“勾”从“厶”，形体和意义有关联，所以容易流行。

“沿、铅、船”三字，《广韵》平声仙韵都有从“公”的写法，分别注“上同”。《切三》“沿”注“俗沿”，“铅”注“或作鈆”，船作“舩”。“沿、鈆、舩”三个写法都见于韵书，今天并不通行。[1]《集韵》“船”注：“俗作舡，非是。”孙奕《履斋示儿编》卷二二引《字谱总论讹字》：“船之［俗书］舡，舡音航……非为讹

---

① “舩”字流行于日本，如姓“船桥”写作“舩桥”。

失，是全不识字也。”“船”先简化成“舩”，“公、工”同音，再简化成“舡”。“舡”这个字形今天也不用作“船”字的简体。

《佩觿》上13（《铁华馆丛书》本）：“單有都安、上演二翻，俗别为单。”这是用“口”跟“厶”区别两个音。（详见下文5.8节《多音字的分化》。）有了这种区别，“單”字的“口”就不宜简化为“厶”。

高彦休《唐阙史》卷上27（《知不足斋丛书》本）《单进士辨字》条云：

> 进士单长鸣者，随计求试於春官。日袖状诉吏云：“某姓单（音丹），为笔引榜者易为單（音善）。单诚姓氏之僻，而援毫吏得以侮易之，实贻宗先之羞也。”主司初不谕，久之方云：“方口尖口，亦何异耶？”长鸣厉声曰：“不然。梯航所通，声化所暨，文学之柄，属在明公。明公倘以尖方口得以互书，则台州吴儿乃吕州矣儿也。”主文者不能对。词场目为举妖。

由此可见简化字无形中受到一种限制，就是不能跟现行的字冲突。（高彦休在郭忠恕前，郭所说字形分化当在高所记事之前。）方口尖口之别还见于小说和笑话，如《古今小说》卷十一“赵伯升茶肆遇仁宗”。那里还多一对例子，“吉”字方口改尖口就跟“去”字混淆。

简化字避免混淆的趋势，还可以再举几个例子。《说文》四上26隹部雞籀文作鷄，从隹从鸟都可以。把奚旁简化作“又”，只能从鸟旁作“鸡”。要是从隹旁写成“难”，就和“難”字的简体“难”混淆了。“鸡”和“难”都是常用字，混淆是不方便的。《说文》八下22欠部歎字段注：“古歎与嘆义别，歎与喜乐为类，嘆与怒哀为类。”这两个字早就不分了。蒋斧本《唐韵》去声翰韵：“歎，歎息，或作嘆”，他案切。把歎旁简化成“又”只能从口作“叹”。要是从欠作“欢”，就跟“歡”字的简体字“欢”混淆了。

有的文字的演变也要用避免混淆来解释。容貌的“貌”，《说文》八下10皃部有三个写法：皃，貌，颁。“皃”是篆文；“貌”是籀文，段注“今字皆用籀文”；“颁”字段注“按此盖易籀文之皃为页”。一般来说，籀文比小篆繁，今字往往用小篆。容貌的“貌”不用简单的“皃”，大概是避免和“兒”字相混。常常可以看到有人把“貌”字写成“皃”。1979年4月24日某小报小字版貌字从“皃”，大字版大概是新制的字模，貌字从“兒”。可见字模写稿人也以为从“兒”。

5.4 形体合并

形体的演变有时造成文字的合并。现在举“胄、柿、賣”为例。“胄”是同音字合并，“賣”是同义字合并，“柿”和本字音义都不相干。

《说文》四下27肉部：“胄，胤也，从肉由声。”又七下38月部：“冃，兜鍪也，从冃由声。䩜，司马法胄从革。”《广韵》去声宥韵也有分别。可是蒋斧本《唐韵》就并成一条，注文是：“胤也，……亦介胄，又姓，出何氏姓苑，直祐反。”现在一般都写作“胄”，不加分别。好在这两个字意义差别大，实用上不易发生困难。

“買賣”的“賣”《说文》六下2出部作“賣”。《说文》六下21貝部还有个“賣”字，也写作“儥、鬻、粥”，音育（余六切），也是“卖”的意思。《广雅》三上16释诂：“賣，賣也”。这两字同义而形体相混。段注：“按賣隶变作賣，易与賣相混。”音育的“賣”作为偏旁，在《广韵》里与“買賣”的“賣”字不分，如入声屋韵“讀櫝牘儥”。音育的“賣”古籍用“鬻”的较多，现在又不用于口语，跟“買賣”的“賣”合并，在实际使用上并无影响。《韩非子·说难》卷四19（《四部丛刊》本）：“与之论细人，则以为賣重，论其所爱，则以为藉资。”《史记》卷六三4（《百衲本》）“賣重”作“鬻权”。“賣”字可能本来是“賣”字。

“柿子”的“柿”和“姊妹”的“姊”都从𠂔，木片的“柹”和“肺脏”的“肺”都从朩，都跟“日中为市”的“市”字不相干。可是在全本王仁昫《刊谬补缺切韵》里形体不分：“柹，木名”，锄里反。“柹，木片”，芳废反。“市，时止反，廛。”今北京音“柿子”的“柿”和“日中为市”的“市”字同音，好像是“柿”从市声。这是歪打正着，无意中造成的新形声字。（《说文》没有从市声时止反的形声字。）好在木片的“柹”只用于古书和方言。

5.5 同音替代

同音替代是简化的主要原因。“落和䨲，孃和娘，纔和才”，这三对字的合并都造成字数的减少，同时还造成笔画的减少。

《说文》一下38 艸部：“落，凡草曰零，木曰落。”十一下11雨部：“䨲，雨零也。”段注：“此下雨本字，今则落行而䨲废矣。”

《说文》十二下27女部“孃”字段注云：“《广韵》[平声阳韵]孃，女良切，母称。娘，亦女良切，少女之号。唐人此二字分用画然，故耶孃字断无有作娘者，今人乃罕知之矣。”现在母称通用“娘”字。《西厢记》“红娘”的“娘”，用的是少女之号的意思。有的方言地区女孩子取名“某娘”，也是用这个意思。“孃、娘”同音，都从女旁，一般人当然无法区别，笔画简单的“娘”必然占上风。另外一方面，“耶孃”的“耶”本不从父，因为意义不明确，就加上父字旁，《大广益会玉篇》父部第二十五：“爺，以遮切，俗为父爺字。”

《原本玉篇》卷第廿七糸部第四百廿五：“纔，使监、仕缄二反。《说文》：帛雀头色也；一曰微黑色也；一曰如绀也；一曰浅也。《汉书》：‘纔数月耳。’文颖曰：音声［此处当有脱误］。野王案：此亦音似来反，犹仅能、劣能也。郑玄注《周官》《礼记》亦为裁字。《东观汉记》及诸史，贾逵注《国语》，并为财字也。”《切三》平声咍韵：“纔，仅，或作裁”，昨来反。“似来反”即“昨来反”，《原本玉篇》从母与邪母不分。顾引《汉书》见卷五一《贾山传》：“秦皇帝计其功德，度其后嗣，世世无穷。然身死纔数月耳，天下四面而攻之，宗庙灭绝矣。”颜师古曰：“纔音财，暂也，浅也。”颜师古注未引文颖，《原本玉篇》引“文颖曰：音声”当有脱误。

“纔”字这个用法有“纔、裁、财、才”等写法。这里举几个例子。《汉书》卷九四下：“郅支人众中寒道死，余财三千人到康居。”师古曰：“财与纔同。”《三国志》卷四八天纪四年春裴注引干宝《晋记》曰：“众才七千，闭栅自守。”《颜氏家训·止足篇》：“堂室纔蔽风雨，车马仅代杖策。”庾信《哀江南赋》：“孙策以天下为三分，众裁一旅。项籍用江东之子弟，人惟八千。”现在一般都用“才”字。“纔”字使监反、仕缄反两音后世少见，“纔”字昨来反写成“才”字之后，“纔”字就并入“才”字了。

同样用法的“财”和“裁”也把一部分用法并入“才”字。

“靈”字怎么简化成“灵”字呢?《广韵》平声青韵:“灵,字类云,小热皃”,郎丁切。“灵”和“靈”字同音。“灵”和“灵”形体上只差一点点。三个字形对比可以确定“靈”写作“灵”是同音替代。

笔画简化的势力很强大,以至有人认为,笔画少的就是简体,笔画多的才是正体。作用力与反作用力方向相反,力量相等。这样就出来错误的繁体。“注疏、注释”的“注”字本作“注”。段玉裁《说文解字注》本书一律作“注”,《万有文库》本封面与扉页均作“说文解字注　段玉裁註”。这个一定是编者以为笔画多的“註”是正体造成的错误。“義”字简体是“义”,因此排字房有时就把“音叉”排成“音义”。1920 年出版的,保尔巴西著,刘复译的《比较语音学概要》18 页:“这种颤动所成的音,是简单的音,有如音义的音。”“音义的音”怎么是简单的音呢?实在费解。悟过来才知道是“音叉”的“音”,不禁失笑。四十八年之后,1978 年 12 月 27 日《光明日报》报头边上有个照片,说明是“……图为火车奔驰在枝柳铁路的源江大桥上”。因为有人把“源流”的“源”简化成湘资“沅澧”的“沅”。反其道而行之,“沅江”就成为“源江”了。这类偶发事件本身并非文字的演变,却可以说明文字演变有繁化的趋势。

现在举一对例子说明繁简互变的趋势。“饑荒”的“饑”跟“饥饿”的“饥”本来形、音、义都不同。《说文》五下 14 食部:“饑,穀不孰为饑。”《切三》平声微韵居希反。《说文》五下 15:“饥,饿也。”《切三》平声脂韵居脂反。两字后来变成同音,“饑荒”与“饥饿”意义又有关联。有人就认为这两个字是一个字，只是形体繁简不同而已。求形体简化的趋势起作用，“饑荒”的“饑”字就简化成“饥”字。另一方面，有人认为“饥”是简体，笔画多的是正字，就把“饥饿”的“饥”繁化成“饑”字。“饥、饑”两字不知何时开始混淆。全本王仁昫《刊谬补缺切韵》云：

脂韵——饥，居脂反，饿。二。饑，饑馑。肌，肤肉。

微韵——机，居希反，织具。十四。……饑，穀不孰。……饥，同饑。

“饥”字下注云“二”而有三字，对比《切二》《切三》《广韵》，可知脂韵“饑”为抄手所加。“機”字注云“十四”而有十五字，“饥”字注云“同饑”而与“饑”中隔四字，可知微韵“饥”亦为抄手所加。《王韵》是抄本，容易发生这种错误。陈彭年等校定的《广韵》就没有这种互变的错误。微韵“饑，穀不熟，居依切”小韵没有“饥”字。脂韵“饥，饥饿也，……居夷切”小韵没有“饑”字。

古籍“饥、饑”两字混淆，有时是简化与繁化交叉起作用的结果，可以举《汉书》为例。景祐本《汉书》与虚受堂本《汉书补注》（近年出的标点本据《汉书补注》）“饥、饑”两字用法有同有异。就卷二十四上下与卷六十四上下而论，两本有一致的地方，如卷二十四上“可以周海内而亡饥寒之患”两者用的都是本字。又“小饥则收百石，中饥七十石，大饥三十石”，两本都把“饑”简化成“饥”。又卷六十四下：“夫万民之饑饿”，两本都把“饥”繁化成“饑”。两本有不一致的地方，如卷六十四上“见[朱]买臣饥寒”，景祐本仍用“饥”字，虚受堂本把“饥”繁化成“饑”。又卷二十四上“故虽遇饥馑水旱”，景祐本把

“饑”简化成“饥”，虚受堂本此处用“饑”字。总之，景祐本在前，用的“饥”字多。虚受堂本在后，用的“饑”字多。可见是繁化起的作用。“小饥则收百石，中饥七十石，大饥二十石”，王先谦《补注》：“王鸣盛曰：何校饥俱改饑。饥饑不同，穀不熟曰饑，人无食曰饥，亦可通用，但有饥馑无饑渴。先谦曰：官本并作饑。”王鸣盛是说“饑饉”之“饑”有简化为“饥”的，“饥渴”之“饥”没有繁化为“饑”的。王先谦是说官本“小饥、中饥、大饥”一概用“饑饉”的“饑”。就当前实用而论，“饑、饥”合并成“饥”是不可抗拒的。但是研究文字的历史，无论是形、音、义三项的哪一项，都必须注意这两个字的区别。

5.6 同义替代

同义字互相替代就是训读。日本使用汉字，有音读，有训读，训读是很常见的现象。福建省、台湾省和广东省有一些训读字，如“田”字训读为“塍”字。《说文》十三下土部：“塍，稻中畦也。”又田部：“树穀曰田。”又如“黑”训读为“乌”，“香”训读为“芳”。其他地区很少使用训读字。同义字互相替代有时减少字数，付出的代价是增加多音字。

“獃”或“呆”读dāi，用作“傻、不聪明”是《广韵》平声咍韵丁来切“懛”的训读字。“呆”读ái，用作“傻、不聪明”是《广韵》咍韵五来切“獃”的训读字。《切韵》入声屑韵收“凸”字，洽韵收“凹”字，引起王仁昫的批评。这两个字方言的读音常常对不起来，就是因为训读的缘故。“凸”读tū，相当于《切三》入声没韵“宊，宊出，他骨反”，《广韵》没韵“宊，出皃，他骨切”，这和《切三》相同。《广韵》在没韵陀骨切下又收有“凸，凸出皃”。“凹”读wā相当于《切三》平声麻韵的“窊，凹，乌瓜反。二。丨洼，深”。“凹”读āo相当于《切三》平声肴韵的“䫜，头凹，於交反”。《广韵》於交切小韵还有三字跟凹的意思有关：“坳，地不平也。丨窅，深目皃。丨眑，面目不平。”《庄子·逍遥游》：“覆杯水於坳堂之上则芥为之舟。”北京楼房的阳台有“凸tū阳台”和“凹āo阳台”之分，一般不说“凹wā阳台”。

“原子核”的“hé”，写成“核”，用的是本字。“桃húr”的“hú”，写成“核”就是训读，本字是《广韵》没韵的“榾，果子榾也，出声谱”，户骨切。“榾”字很多方言都用。《广韵》麦韵“核，果中核”，下革切。方言很少用这个字当“果中核”讲。不过这个训读的写法在《集韵》里就开始了，该书没韵胡骨切小韵云：“榾，果中实，或作核。”

数目字的同义替代见下节。

5.7 形体繁化

文字的用途是多方面的，记账写信，著书立说，开药方，立合同，打官司，订条约，研究科学，包括研究语言文字本身都要用文字。数目字是常用字，笔画简单：一二三四五六七八九十百千万。有些场合，文字的准确无误比简便易写还重要，因此数目字有大写：壹贰叁肆伍陆柒捌玖拾佰仟萬。升、斗、石也有大写。张参《五经文字》计算每部字数用壹贰叁肆伍陆柒捌玖拾百，敦煌石室藏的唐宋契约文书数目字固然常用大写（“伍”常写作“仵”），“升、斗、石”也分别用“昇、㪷、硕”。“昇、㪷”现在不用，“硕”现在不用为石的大写。斤两的“斤”有人也写作“舫”。

数目字和度量衡用字大小写之间的关系，主要是同音替代和加偏旁。但是本节所说的形体繁化和第5.5节所说的同音替代不同，同音替代常常同时是形体简化。本节所说的形体繁化和以下两节要说的加偏旁造成繁体也不同。多音字分化加偏旁有分音辨义的作用，如“莫：暮｜责：债”，这两对字音、义都不同。多义字分化有区别意义的作用，如“利：痢｜时：鲥”，这两对字的用法差别很大。很多人都不知道“暮、债、痢、鲥”是后起的专用字。第5.3节开头说：“文字为了便于书写，要求形体省略，有简化的趋势。”简化是有道理的。又说：“文字为了便于理解，要求音义明确，有繁化的趋势。”繁化也是有道理的。数目字的繁化在音义上并不更加明确，只是增加笔画，防止篡改，可以说为繁化而繁化。因此，单纯的形体繁化例子不多，多音字分化和多义字分化的例子很多。加偏旁是汉字增加的重要原因之一。

数目字的同义替代问题在这里讨论比较合适。“二”和“两”意义虽然有关联，读音用法都有区别。可是上海话常常把“二”说成“两”。例如“二楼”说成“两楼”；马路牌上写的是“瑞金二路”，口头上说的是“瑞金两路”。至于把电话号码的“二”说成“两”更不用提了。这大概是因为“两”字跟其他数目字在读音上差别大，可以避免误会。

有些地区电话员之间报号码，数目字有特殊说法，“一二三四五六七八九零”说成“么两三四五六拐八钩零（或洞）”，如“一七零二”说成“么拐零两”或“么拐洞两”。北京说电话号码时把“一”说成“么”是常例。北京无轨电车一零九路常有人说成“么零九路”。有个中学校牌是“一〇六中”，口头上是“么零六中”。但是公共汽车“一路”却没有人说成“么路”，倒是有人说成“大一路”。

语言发生了变化，如把“二”读成“两”，要是文字如实记录语言，就造成文字上的同义替代。上述这些例子可以说明第5.1节说的：“只有结合语言，才能看出文字演变的趋势。”

5.8 多音字的分化

文字为了便于理解，多音字和多义字有分化的趋势。[1]所以《说文·叙》说：“其后形声相益，即谓之字。字者言孳乳而浸多也。”多音字的分化有加形旁和改形体两种方式。例如：分fēn：份fèn ｜莫mò：暮mù ｜责zé：债zhài ｜贾jiǎ：價jià（商贾的贾读gǔ，现在不常用）｜沈shěn：沉chén ｜刀dāo：刁diāo ‖ 这些都毋须说明。

底下再举几个例子，略加解释。先说三个指示词：近指指示词“这”zhè，远指指示词“那”nà，不定指示词“哪”nǎ。近指指示词和《广韵》鱼变切的“這”在音义上没有关系，早期用“遮”用“者”用“这”。用“遮”用“者”是借用平声字、上声字来代替去声字。后来专用的去声字“这”占了上风。就“遮”字“者”字说，就是把去声一读分化出去了。（吕叔湘先生《汉语语法论文集》页180引《四部丛刊》本杨万里《诚斋集》卷三十五页9：“只者天时过湖得，长年报道不须愁。者字下自

① 张参《五经文字·序》：“又以前古字少，后代稍益之故，经典音字，多有假借。”原注云：“谓若借后为後，辟为避，大为太，知为智之类，经典通用。”多音字分化和多义字分化起减少假借字的作用。

注‘去声’。”)[①]“那”字《广韵》有平上去三读。平声歌韵“诺何切”一读，在意义上和指示词无关。上声哿韵：“那，俗言那事；本音傩。”本音傩就是诺何切一读。这是用本音平声的字来写上声字。去声箇韵：“那，语助；又奴哥切。”(蒋斧藏本《唐韵》同。)又奴哥切，也就是诺何切一读。这是用本音平声的字来写去声字。去声是这个那个的“那”，上声是问话“哪个”的“那”，远指指示词和不定指示词不好注释，所以一个注“语助”，一个就举例不加注。上去两音原来只用一个写法。分化之后有很多方便。[②]

“塗”字《广韵》有两个音，平声模韵同都切小韵：“塗，塗泥也，路也，……”又麻韵宅加切小韵：“塗，塗饰，又音徒。”宅加切这个音《刘知远诸宫调》写作“茶”：

> 强人五百威猛如虎，茶灰抹土。他又不通个名目，把小李村围住。(第十二《仙吕调·绣带儿》，4页)

《永乐大典戏文三种》写作“搽”：

> 苦会插科使砌，何吝搽灰抹土，歌笑满堂中。(《张协状元戏文》13页)
>
> 若抹土搽灰，趍枪出没人皆喜。(同上书，15页)
>
> 管甚么抹土搽灰，折莫擂鼓吹笛。(《错立身戏文》57页)

现在写作从手的“搽”字。

---

① 广东潮阳方言“这”字上声，见张盛裕《潮阳方言的文白异读》页267，载《方言》1979年第4期。山西平遥方言“这”字也是上声。

② 参看赵元任《“那”底分化底我见》，载《国语月刊》第二卷第二期第1—5页，1924年出版。

“臧”字一分为五：臧zāng、赃zāng、藏（收藏，隐藏）、cáng、藏（西藏，宝藏）zàng、臟zàng。《说文》三下118臣部“臧，善也。”段注：“《[尔雅·]释诂》、《毛传》同。按子郎、才郎二反，本无二字，凡物善者必隐于内也。以从艸之‘藏’为臧匿字，始于汉末改易经典，不可从也。又赃私字，古亦用臧。”段氏所说有理，但是分化的趋势是不可抗拒的。

《佩觿》上12：“箸有陟句、知主、呈略、知虐四翻，俗别为着。”《佩觿》的字形、反切跟《广韵》《集韵》有所不同，对比如下：

佩觿		广韵		集韵	
箸	陟句翻	箸著	陟虑切	箸著	陟虑切
箸	知主翻	著	丁吕切	著	展吕切
箸	呈略翻	著	直略切	著	直略切
箸	知虐翻	著	张略切	箸著	陟略切

《广韵》上声语韵“著，丁吕切”的音在现代方言里的位置不明。又去声御韵：“著，明也，……陟虑切，又张略、长略二切。”又入声药韵：“著，服衣于身”，张略切；“著，附也，直略切。”后来入声的读法分化出“着”的写法来。有的方言“着衣服、着棋”，都用张略切的音。和“着棋”相关的有“高着、绝着、这一着”等说法。北京不说“着衣裳”说“穿衣裳”，不说“着棋”说“下棋”，但是北京说“高着、绝着、这一着”，不过入声变成阴平zhāo，因此就出来“招”的写法：“高招、绝招、这一招”。“着”长略切一音用于“附着zhuó、着zháo火、找着zháo了、说着·zhə～·zhi话呢、冷着·zhə～·zhi呢”。“着呢”两个轻音字相连常常说成·zhi·nə，所以有人，例如老舍，就写成“之

呢”。见《骆驼祥子》77页（人民文学出版社，1955年）：“老头子棒之呢”。“著”一个写法一共分化出“著、着、招、之”四个写法来。（“土著”的“著”是“附著”的“著”，吴语读浊音声母入声，应读zhuó。因为“著”字最常见的用法是“显著zhù、著zhù作”，所以“土著”的“著”很多人都读去声zhù。当筷子讲的“箸”这里不讨论。）

“比”字《广韵》有五个音，平声脂韵房脂切，上声旨韵卑履切，去声至韵毗至切，必至切，入声质韵毗必切。现代常用的是上声卑履切和去声毗至切两音。上声“比”就是“比bǐ较”的“比”。去声毗至切小韵：“比，近也……枇，细栉。”

《广雅》卷七《释器》“梳、枇、筐、栉也”王注曰：

> 《说文》：栉，梳比之总名也。……《释名》云：梳言其齿疏也。《史记·匈奴传》索隐引《仓颉篇》云：靡者为比，粗者为梳。《急就篇》云：镜籢疏比各异工，疏比与梳枇同。《释名》云：梳之数者曰比，言细相比也。《北堂书钞》引崔实《政论》云，无赏罚而欲世之治，犹不畜梳枇而欲发之治也。……

“梳”是今天的梳子，“枇”是今天的篦子。马王堆一号汉墓简236“疏比一具”。简238“象疎比一双”。《急就篇》作“疏比”。可见“梳”本作“疏”（疏疎），“梳”是从“疏”分化出来的。“枇”本作“比”，是从“比”分化出来的。“枇”字《广韵》有三读：平声脂韵：“枇，枇杷，果木，冬花夏熟。”上声旨韵：“枇，《礼记》注云，所以载牲体”，卑履切。去声至韵：“枇，细栉”，毗至切。上声一读现在不用。去声“枇bì子”一读字现在都写成“篦”字，跟平声“枇pí杷”有所区别。这“篦”字《广韵》有平声齐韵边兮切一读，现在不用。

从大从力的“夯”字有两个音。“夯”音hāng是“打夯”的“夯”，本字该是《集韵》江韵的“𢭃，击也”，虚江切。“夯”音bèn相当于“愚笨”的“笨”，见于《红楼梦》。如《脂砚斋重评石头记》甲戌本十六5：“见识又浅，口角又夯”；己卯本十六11和庚辰本十六328“夯”作“体”；《乾隆抄本百廿回红楼梦稿》“夯”作“拙”。庚辰本三十698：“谁都像我心拙口体的”；《红楼梦稿》把“体”字点去，改作“笨”。“笨”字《广韵》上声蒲本切，注云：“《晋书》有兖州四伯，豫章太守史畴以大肥为笨伯。”《集韵》部本切小韵又有“体，性不惠。”又己卯本六七2和庚辰本六七1598（都是补抄的）：“俗语说的夯雀儿先飞”；《红楼梦稿》六七1同。现在北京还有“笨鸟儿先飞”的说法。所以十六回和六十七回的“夯”字都是“笨”字。（《方言》1983年第2期145页王玲玲文：[夯hāng]①捶，打：用劲儿夯！｜②鲁，呆：“这人有点儿发夯。”“夯”字音bèn可能是②义的训读。）

同一个字，重读轻读写法不同，也是多音字的分化。

单字总是读重音，四声分明。轻音字语音变化较大时，为了表音正确，字形常常跟着改变。这就造成分化。华北地名某家庄的家读轻声[·kə]，常常写成“各、郭、格”等，如唐山以西有胥各庄，现在是丰南县。

“差使”有人写作“差事”。“姑夫、姨夫”的“夫”，有人写作“父”。这是因为“使”字“夫”字轻读，加上写的人清浊不分。“差使”跟做事有关，写成“差事”好像也有讲。姑夫、姨夫长一辈，“夫”写成“父”也说得通。

有的作家，比方老舍，文字接近口语，或者注意记录口语，这种现象就更多。“横竖”写成“横是”，是因为轻音“竖”字元音含混。例如：

你横是多少也有个积蓄。（《骆驼祥子》69页）

把“心肠”写成“心程”，是因为“肠”字轻音，元音变窄。例如：

客人们故意的和我说东说西，招我笑；我没心程说笑。（《老舍选集》74页，开明书店，1951年）

酒在桌上发着辛辣的味儿；他不很爱闻，就是对那些花生似乎也没心程去动。（《骆驼祥子》82页）

形容词加定位词（方位后置词）“裹”，有时写“裹”，有时写“了”，例如：“饱裹、多裹、好裹、高裹、大了、长了”。那是因为轻音“裹、了”不分，都读[· lə]的缘故。

现在既有现成的菜饭，而且吃了不会由脊梁骨下去，他为什么不往饱裹吃呢。（《骆驼祥子》56页）

刘四爷要是买出一两个人——不用往多裹说——在哪个僻（当作背）静的地方也能要祥子的命！（同上书，81页）

在没办法之中，他试着往好裹想，就干脆要了她，又有什么不可以呢？（同上书，83页）

他自己觉出来，仿佛还得往高裹长呢。（同上书，10页）

可是我的身体是往大了长呢，我觉得出。（《老舍选集》66页）

我越往大了长，我越觉得自己好看。（同上）

我要是愿意往长了幹呢，得照“第一号”那么办。（同上书，75页）

要是从字面了解，就会得出“了”字用法扩大的错误结论。个人的写法不足以造成文字的演变，但是也充分说明轻音对文字的影响。无论如何，“横竖”写成“横是”相当普遍，不限于老舍一人。

5.9 多义字的分化

多义字的分化是文字增加最主要的原因，可以分为加形旁、改形旁和其他三类。现在先举例，再就必要的加以说明。每一组例子，冒号前头是本字，是广用字；冒号后头是晚起字，是专用字。加形旁——般 bān：搬｜段 duàn：缎｜风 fēng：疯｜甘 gān：柑｜虎魄 hǔpò：琥珀｜利 lì：痢｜马·mǎ：蚂蚂蚁、码码头、码磡｜孰 shú：熟 shú～shóu｜然 rán：燃｜师 shī：狮｜时 shí：鲥｜聽 tīng：廳｜牙 yá：芽、衙｜子 zǐ：仔仔细、籽‖改形旁——蒲桃 pú·táo：蒲萄、葡萄｜凤皇 fèng huáng：凤凰｜消摇 xiāo yáo：逍遥｜箱 xiāng：厢｜倚 yǐ：椅‖其他——叠 dié：碟｜等 děng：戥｜指麾 zhǐ huī：指挥｜卓 zhuō：桌｜角 jiǎo：饺｜替 tì：屉｜上 shàng：绱、鞝｜围 wéi：圩｜下 xià：嗄‖

“聽”字的演变很有意思。《切三》青韵［他］丁反小韵：“聽。廳，屋。”《集韵》：“聽，汤丁切，聆也……廳，古者治官处谓之聽事，后语省直曰聽，故加广。”“聽事”本来是动宾式，就是“聽政”，可以连用，可以分开。例如：

聽事，群臣受决事，悉於咸阳宫。（《史记》卷六《秦始皇本纪》三十五年）

［会稽刻石］皇帝并宇，兼聽万事，远近毕清。（同上书，秦始皇三十七年立）

子婴即位，患之，乃称疾不聽事。（《史记》卷八十七《李斯列传》）

孝惠以此日饮为淫乐，不聽政，故有病也。（《史记》卷九《吕太后本纪》）

代王遂入而聽政。（同上）

“聽事”的引申义是“聽事的屋子”（治官处），较早的例子是汉朝的。

廓广聽事官舍，廷曹廊閤。（《郃阳令曹全碑》，汉灵帝中平二年即公元一八五年立）

尹、正也。郡府聽事壁诸尹画赞，肇自建武［光武帝年号］，讫于阳嘉［汉顺帝年号］。（《后汉书》志卷十九注引应劭《汉官》）

《曹全碑》的“聽事官舍”若是并列式，“聽事”就是“聽事的屋子”；若是偏正式，“聽事”就用的是本义。应劭的例子无可怀疑。等到“聽”字单独作“聽事的屋子”讲，加广旁分化字形就有必要了。“廳”先简化为“廰”。孙奕《履斋示儿编》卷二二引《字谱总论讹字》云：“厨廰皆从广，而俗皆从厂”。“廰”再简化为“庁”[①]或“厅”。“聽”的简笔字“听”，可能本来作“吀”，是从口厅（廳）声。“廳”简化为“厮”，又当在“聽”简化为“聴”之后。知道来龙去脉之后，“聽”字的演变实在很有意思。（“聽”和“廳”的简化字参看刘复、李家瑞编《宋元以来俗字谱》24，26页。）

“馬腦”，《切三》作“碼碯”，《广韵》同。上引张元济《校

① “庁”字流行于日本，例如：“官公庁一览｜警视庁”。

史随笔》页70,《百衲本》影印信州路刊本《北史》传第二十四5作“馬瑙”,四十一28作“馬腦”,通行本均作“瑪瑙”。“虎魄”,《切三》入声陌韵作“虎珀”,《广韵》作“琥珀”。“馬腦、虎魄”是广用字,从石从玉的字是专用字。“魄”字还有个用法要提一下。有些出版物“气魄、气派”并用,“派”字大概从“魄”字分化出来,因为“气魄”的“魄”读pài之故(梗摄二等入声唇舌齿音声母口语读ɑi韵)。从“马”字分化出来的有好些个字,从“子”字分化出来的字也不少。“子细”的“子”通常写作“仔”。读平声的“仔”口语不用。“种子、子实”的“子”写成“籽”。“子”字写成“孜、狅”比较少见。“圩子”(即围子)写成“圩孜”,见于1969年北京出版的四百万分之一的新疆图所附说明:伊宁县团结公社驻地名称为“翁牙尔圩孜”,十月公社驻地为“沙木圩孜”。1970年到1971年我在河南,亲眼看见“徐圩孜大队、王圩孜大队”一类旗号。推想写字人的心理,“子”是小字眼儿,我的围子地方挺大,怎么能用小字眼儿呢,因此加个反文旁。狮子古作“师子”,见《汉书》九六上,《说文》五上虎部“虒”字注。这是大家知道的。柔石的小说把“狮子”写成“狮狅”是受方言的影响。柔石是浙江省宁海县人。宁海县旧属台州府,z声母跟zh声母不分,“狮子”的“子”读去声,所以柔石写成“狮狅”。《广韵》平声脂韵“狮,犬生二子”,疏夷切。这“狮”跟“狮子”的“狮”不相干。“上”的繁体字用于“上鞋”,“下”的繁体字用于“下饭”。鞋铺子的招牌“上鞋”常作“鞝鞋”或“绱鞋”。下饭的菜叫“下饭”,有时写作“嗄饭”,见于明人小说和吴语方言区。《金瓶梅词话》“下饭、嗄饭”两见。如九十三5:“摆出点心嗄饭来”,又12:“拏一付钟筯，安排一分上品酒果下饭来摆着”，又九十五 10：“托盘内拿上四样嗄饭菜蔬”，又 13：“于是买了四盘下饭”。

5.10 加偏旁的利弊

专用字分化加偏旁古已有之，盂鼎铭文“文王、武王”作“玟王、珷王”。偏旁加得太多，早就有人反对。陆德明《经典释文·序》：“岂必飞禽即须安鸟，水族便应著鱼，虫类要作虫旁，草类皆从两屮。如此之类，实不可依。今并校量，不从流俗。”（吴承仕考订《经典释文》作于陈后主至德元年癸卯，即公元 583 年。）《履斋示儿编》卷二二引《字谱总论讹字》，说“莫、然、果、席”分化为“暮、燃、菓、蓆”皆偏旁之赘。

前人研究文字学，常常是为读古书服务的。“小学明而经学明”就是这个意思。所以有是古非今，轻视俗字的偏向。现在有的人正相反，以为凡是俗字都值得推广。仔细观察，就可以发现：求繁求简两种要求在俗字上都表现得相当突出。北京的楼房多了，就有一些人把“樓”字简化成“柚”。这就跟“柚子”的“柚”混了。有的地方的鞋铺把“鞋”字简化成“圭”。离开特定的实际环境上下文，无法使人了解。这是简化的偏向。《广韵》东韵：“蘣，東风菜，……俗加艸。”又姥韵：“虎，蝇虎虫，俗加虫。”又“果”俗作“菓”，“韭”俗作“韮”。这是繁化的偏向。应该撇开正俗的观点，从文字的作用来研究繁简得失。

加偏旁有增加笔画的缺点，也有分别用途的优点。这里举两个古书里的例子，说明加偏旁不一定是坏事。

“图畫”的“畫”字今作“畫”，“计劃、劃策”的“劃”字今作“劃”。北京虽然同音，但是来历是不同的，前者去声，后者入声。《史记》《汉书》一律作“畫”，所以有时造成歧义。《史记》卷五一：“高后时，齐人田生游乏资，以畫干营陵侯泽。”服虔曰：“以计畫干之也。”文颖曰：“以工畫得宠也。”索隐：“畫，一音计畫之畫，又音图畫之畫，两家义并通也。”《汉书》卷三五作“以畫奸泽”。服虔曰：“以计畫干之。”文颖曰：“以工畫得宠也。”师古曰：“共为计策，欲以求王。服说是也。畫音获。”又卷六八：“明旦，光闻之，止畫室中不入。”如淳曰：“近臣所止计畫之室也，或曰彫畫之室。”师古曰：“彫畫是也。”

《切三》“然、燃”已分化为二。庾信《哀江南赋》：

> 五十年中，江表无事。……岂知山岳闇然，江湖潜沸。渔阳有闾左戍卒，离石有将兵都尉。

“渔阳”句指陈胜，“离石”句指刘渊。“山岳闇然”与“江湖潜沸”是工稳的对仗，“闇然”是暗中燃烧。前人为此特别加注，就是怕人把“闇然”误解为黯然销魂的“黯然”。要是“然、燃”分化，就毋须注解了。平常很难设想，“畫”与“劃”，“然”与“燃”会在同一上下文里出现，造成歧义。文字需要有适当的羡余率（redundancy），理由就在这里。

5.11 功能的再分配

文字各有使用的范围，就用途说，文字的演变往往是两个字或几个字之间功能的再分配。现在举“竭：渴：㵣｜帅：率｜策：册｜很：狠｜元：原”五组例子来说。

《说文》的“㵣”字《切韵》作“渴”字，《说文》的“渴”字《切韵》作“竭”字。《说文》十下 21 立部：“竭，负举也。”又十一上二 28 水部："渴，尽也。"又八下 23 欠部："㵣，欲歠歠。"段注："渴者，水尽也，音同竭。水渴则欲水，人㵣则欲饮。其意一也。今则用竭为水渴字，用渴为饥㵣字，而㵣字废矣，渴之本义废矣。"段注不仅符合今天的情况，也符合《切韵》的情况。蒋斧本《唐韵》入声薛韵渠列反小韵："竭，尽也。《说文》作渴。……渴，水尽，出《埤苍》及《说文》，加。"又曷韵："渴此字元本残，据本字注及《广韵》，饥渴。"《唐韵》注中的"加"字表示《切韵》未收。《唐韵》未收"㵣"字，可见《切韵》也未收。马王堆帛书《老子甲本》第 7 行："浴毋已盈将恐渴"，乙本 177 行下"谷毋已□□□渴"，渴字用法同《说文》。今本《老子》第三十九章"谷无以盈将恐竭"，"竭"字用法同《切韵》。

"帅、率"二字古籍通用。《说文》七下 45 巾部"帅，佩巾也。帨，帅或从兑声。"段注曰："后世分文析字。帨训巾。帅训率導，训将帅，而帅之本义废矣。率導将帅字，在许书作達作衛，而不作帅与率。六书惟同音假借之用最广。""帅、率"通用毋须多说明，这里要着重指出的是"帅、率"两字的差别。贾昌朝《群经音辨》对这两字的分辨最有意思。

帅，總也，所律切。總人者曰帅，所类切。

率，捕鸟畢也，循也，總也，所律切。率，将也，音帅。

（《四部丛刊续编》本六 5 下，五 12 上）

《群经音辨》根据词性分去声入声。不论字形，动词是入声，名词是去声。"總"字是"率领"的意思。明清两代有一种武官叫"總兵官"或"總兵"，就是用的这个意思。"帅、率"训"總也"都是入声所律切。"總人者曰帅"就是"率领人的叫帅"，去声所类切。"率，将也，音帅"，这里的"将"字"帅"字都是名词，“音帅”的“帅”用的是去声所类切的音。这个分别和现代方言符合。不过现代方言更进一步，根据声调分别词性和字形。北京话没有入声，“率”和“帅”都读去声。前几年有的人把动词“统率”也写成“统帅”，和名词“统帅”不分。这种写法和全国分去声入声的方言不合，不妥当。从《群经音辨》和现代方言出发，再来看《切韵》系统韵书就很有意思。《切韵》系统韵书“帅、率”各有去声所类反（切）入声所律反（切）两读，但有个细微的差别。（《集韵》入声术韵“率，约数也”，劣戌切是“速率、效率”的“率”，除外。）所类切小韵总是“帅”字当先，王仁昫《刊谬补缺切韵》、《广韵》、《集韵》都是如此。所律切小韵都是“率”字当先，《切三》、《唐韵》、王仁昫《刊谬补缺切韵》、《广韵》、《集韵》都是如此。这个差别虽然很细微，却很重要。

“策、册”两字《说文》用法有区别。《说文》五上竹部：“策，马箠也。”三下支部：“敇，击马也。”二下册部：“册，符命也，诸侯进受於王者也，象其札一长一短，中有二编之形。……，笧古文册，从竹。”《说文》“策、敇”有别。“鞭策”做名词用“策”，做动词用“敇”，古籍里都做“策”，现在的习惯也一样。古今不同的是“计策”的“策”古代也作“册”。这里随便举几个《百衲本》影印景祐本《汉书》的例子。卷六八：“贵徙薪曲突之册，使居焦髪灼烂之右。”卷六九：“故臣愚册｜此全师保胜安边之册｜失此二册｜诚非素定庙胜之册｜不识长册｜不战而自破之册也｜后将军数畫军册｜常与参兵谋，问筹策焉。”卷九九：“苟有一策，即必爵之。”现行的习惯是“鞭策、计策”用“策”，书册用“册”。

《说文》二下16："很，不听从也，一曰行难也，一曰盭也。"又十上28—29："狠，犬鬭声。"段注："今俗用狠为很，许书很狠义别。"《广韵》很韵："很，很戾也，俗作佷，胡垦切。"（《切一》《切三》《王韵》字均作"佷"。）《集韵》平声山韵："㹞，犬争……通作狠"，牛闲切。现在的习惯又与段玉裁时不同，凶狠专用"狠"。程度高一般用"很"，少数人也用"狠"。现在的狠字与《说文》《集韵》的狠字音义无关。

有时候，政治的理由也造成文字功用的再分配。这里举一个例子。顾炎武《日知录》卷三十二：

> 元者本也，本官曰元官，本籍曰元籍，本来曰元来，唐宋人多此语，后人以原字代之，不知何解。原者再也。……与本来之义全不相同。或以为洪武中有称元任官者，嫌於元朝之官，故改此字。

明朝推翻元朝，明朝初年有必要避免"元官、元籍、元来"一类写法。[①]"或以为"以下大概是作者的本意。元清两代均以异族入主中原，顾炎武有所忌讳，未便说得十分明确。"原来、原籍"一类写法通行之后，"元"字一部分功能就转移给"原"字了。

5.12 新字

新字有的是由两个字合音造成的。汉字一个字一个音节，两个音节合成一个音节之后，就需要造新字来表示那个音。《集韵》上声寝韵："婶，俗谓叔母曰婶"，式荏切。去声沁

① 日本仍用"元"字，如京都有元离宫二条城。元离宫是说"元来的离宫"，相当于"故行宫"。

韵："妗，俗谓舅母曰妗"，巨禁切。"叔"和"婶"双声，都是审母三等，"母"字的声母是"婶"字的韵尾，并且都是上声。同样，"舅"和"妗"双声，都是群母三等。"母"字的声母是"妗"字的韵尾。准"婶"字的例，"妗"字应该是上声。《集韵》收去声，是根据全浊上声变去声的方言。现代方言中，全浊上声往往变去声。凡是"舅"字读阳上的方言，"妗"字也读阳上，可见"妗"字本来是上声。广州塞音、塞擦音声母逢阳上送气，"舅、妗"都是阳上送气。广东的潮阳，福建的泉州、永安，浙江的温州、平阳、温岭，"舅、妗"都是阳上。龙州和武鸣壮语里的汉语借字"舅、妗"也都是阳上。[①]《说文》十二下 16 女部也有"妗"字，与"舅、妗"的音义无关。

新起的合音字，音韵构造（声韵调配合关系）常常有特点。如北京的"甭"是"不用"的合音，有 béng 跟 bíng 两读。塞音不送气声母拼鼻音尾韵母读阳平调，北京语音是不多见的。苏州的"嫑"是"勿（相当于"不"）要"的合音，读［fiæˇ］阴去，是苏州［f］拼带［i］介音韵母的唯一的字。

新事物有时需要新字，如氢的三种同位素的叫名。"氕"音撇 piē，是氢的最常见的同位素："氘"音刀 dāo，是重氢，"氚"音川 chuān，是超重氢。译名有时也制造新字，如"啤酒"的"啤"从口旁卑。"咖啡、吗啡"也都是新字。译名常用从"口"旁的字。19 世纪用"暎咭唎"翻译 English，后来用"英格兰"翻译 England，就不用口旁字了。译名用字的改变有时影响相当大。"暎咭唎"改为"英格兰"，三个口旁字没有来得及生根

① 李方桂《龙州土语》（1940）页 21，147："舅"［k'auʔˇ］，"妗"［k'amʔˇ］。《武鸣僮语》（1953）页 9，304，306："舅"［kauˇ］，"妗"［kimˇ］。

就淘汰了。“剌”字和“刺”字相近，并且“刺”字常用。“阿剌伯”改为“阿拉伯”，“马尼剌”改为“马尼拉”，避免混淆，便于识字，同时减低了“剌”字的使用频率。

大部分新字都是由分化造成的。已见上文5.8和5.9两节。这里再举两个例子。女旁“她”是由人旁“他”分化出来的。“滚子、磙子、辊子”gǔn · zi是一回事。碌碡是石头的“滚子”，就造出一个从石的“磙”字。机器的一部分也有叫“滚子”的，又造出一个从“车”从“昆”的“辊”字来。（《说文》十四上46车部：“辊，毂齐等皃，从车昆声。”但是这“辊”字跟现在“辊子”的“辊”未必有关联。）

5.13 本字

文字的演变牵涉到本字的考证，现在举一个例子来说。《说文》十四下1（《四部丛刊》本）阜部“阬”字徐铉校曰：“今俗作坑。”《广韵》庚韵：“阬，《尔雅［·释诂］》曰，虚也；郭璞云，阬，壍也；客庚切。坑，上同。”方毅《白话字诂》34商务印书馆1920年10月初版云：“坑，亦作阬。阬儒，阬降卒，本是挖了坑，把人活埋。设计陷害人，亦叫坑。白话‘岂不把他坑了’，和葬送的意思差不多。”这只是想当然的推论，并无依据。从现代方言和文献看来，这个字应该是“倾”字。东北华北很多地区，“倾”字读kēng。“倾向、左倾、右倾”的“倾”都是kēng。就语音演变看，“倾”字《广韵》平声清韵去营切。梗摄合口字常常读如开口。“倾”读kēng，就和“脖颈儿、脖颈子”的“颈”读gěng一样。（《广韵》上声静韵：“颈，项也，居郢切。”）

从文献上看，同名的杂剧和小说《西游记》都有人旁“倾”

和土旁“坑”通用的例子。杨景言作的杂剧《西游记》云：

杀坏他身躯，倾陷了俺儿夫。（隋树森编《元曲选外编》，第一本第一出，636页）

北辰君争忍相坑陷？（第四本第十三出，666页）

吴承恩作的小说《西游记》五十九回云：

罗刹道：“你这泼猴，既有兄弟之亲，如何坑陷我子？”

行者佯问道：“令郎是谁？”

罗刹道：“我儿是号山枯松涧火云洞圣婴大王红孩儿，被你倾了。我们正没处寻你报仇，你今上门纳命，我肯饶你？”

真是无巧不成书，两部书名相同的书提供了相同的例证。上下文同时使用人旁“倾”和土旁“坑”。两字虽然通用，性质却不相同。土旁“坑”是新写法，人旁“倾”是旧写法。望前追溯，从沈约《宋书》到宋元两代，人旁“倾”的例子常见。例如：

[刘湛]知太祖信仗[殷]景仁，不可移夺，乃深结司徒彭城王义康，欲倚宰相之重以倾之。……义康纳湛言，毁景仁於太祖。（《宋书》卷六十三《殷景仁传》）

湛常欲因宰辅之权以倾之，景仁为太祖所保持，义康屡言不见用，湛愈愤。（同上卷六十八《彭城王义康传》）

时彭城王义康专秉朝权，……湛……欲因宰相之力以回主心，倾黜景仁，独当时务。义康屡构之於太祖，其事不行。（同上卷六十九《刘湛传》）

主上荒耄骄纵，诸子朋党相倾，谗人侧目。（《晋书》卷一二九《沮渠蒙逊载记》）

今又乞放颜章，以此见[贾]易之心，未尝一日不在倾

臣。(《四部备要》缩印本《[苏]东坡七集·东坡奏议》卷九页470上《乞外补回避贾易札子》)

五代之际,能以端谨厚重,不忌嫉人,不为中伤,不为倾陷,已是极至。(吕本中《紫微杂说》)

明宗召安重诲,责之曰:"吾儿为奸党倾陷,未明曲直,公遂不欲置之人间,何也?"(景宋残本《五代平话·唐史》卷下页13)

而[吕]惠卿实欲自得其政,忌安石复来,因郑侠狱陷其弟安国,又起李士宁狱以倾安石。(《宋史》卷三二七《王安石传》)

[邓]绾始以附安石居言职,及安石与吕惠卿相倾,绾极力助攻惠卿。(同上)

大德七年[公元一三零三年]江浙行省准中书省咨,……如此设计倾陷,甚是不便。(影印元本《元曲章》卷四十八,刑部卷之十,页12上,"罗织清廉官吏"条)

倾陷的"倾"写成土旁"坑",宋元两代少见,明代以来常见。例如:

我这行院人家,坑陷了千千万万的人,岂争他一个!(容与堂刻本《水浒传》六九回)

此是何等东西,却把做礼物送人!　坑死了我也。(《警世通言》三十五10)

这个"倾"字,就是"倾国倾城、倾家荡产"的"倾"。《诗·大雅·瞻印》:"哲夫成城,哲妇倾城。"《韩非子·爱臣》:"万乘之君无备,必有千乘之家在其侧,以徙其威而倾其国。"《汉书·外戚传》李延年歌曰:"北方有佳人,绝世而独立,一顾倾人城，再顾倾人国。宁不知倾城与倾国，佳人难再得。”以后“倾国、倾城”成为“佳人”的代词，如李白《清平调》“名花倾国两相欢，常得君王带笑看”，白居易《长恨歌》“汉王重色思倾国，御宇多年求不得”，一直到贾宝玉引用《西厢记》跟林黛玉开玩笑，都是如此。《脂砚斋重评石头记》庚辰本第二十三回 528：“我就是多愁多病身，你就是那倾国倾城貌。”因此平常容易把“倾覆”的意思忘了，颜师古注李延年歌曰：“非不吝惜城与国也，但以佳人难得，爱悦之深，不觉倾覆。”《汉书》卷二十四上《食货志上》：“及秦孝公用商君，坏井田，开仟佰，急耕战之赏。虽非古道，犹以务本之故，倾邻国而雄诸侯。”（景祐本页 7）“倾邻国”是“倾覆邻国”，可见颜注正确。罗隐《西施》：“家国兴亡自有时，吴人何苦怨西施。西施若解倾吴国，越国亡来又是谁？”（《全唐诗》中华书局排印本卷六五六 7545 页）“倾吴国”的“倾”用的也是本义。李商隐《北齐二首》：“一笑相倾国便亡，何劳荆棘始堪伤；小怜玉体横陈夜，已报周师入晋阳。巧笑知堪敌万机，倾城最在著戎衣；晋阳已陷休回顾，更请君王猎一围。”（《全唐诗》卷五三九 6149 页）意思大概是双关的。“倾城最在著戎衣”，是说佳人戎装最美。“倾城”也是“晋阳已陷”的伏笔。第一首“一笑｜相倾｜国便亡”是说齐后主被马淑妃小怜的巧笑倾kēng了，国家就亡了。

从“倾国倾城”说到“倾家荡产”，这四字口语常用。北京“倾”字的读书音是qīng。我请教过好些北京人，年长的人，无论文化高低，都说“倾kēng家荡产”。年轻人才有说“倾qīng家荡产”的。《汉语词典》（1957 年版，即《国语辞典》1947 年版的删节本）“倾”字有 qīng 和 kēng 两音。“倾家”

的“倾”也有qīng和kēng两读。“倾kēng人”条注云“犹坑人”。人旁倾口语读kēng是符合习惯的。人旁的“倾kēng家、倾kēng人”是本字，土旁的“坑人”是同音假借字。人旁“倾”kēng承先，土旁“坑”启后，杂剧和小说《西游记》的写法说明了字形的转变。

5.14 小结

文字的演变有简化有繁化。简化繁化通常就笔画说，其实文字的合并减少字数，文字的分化增加字数，可以说是另一种意义的简化繁化。汉字增加的主要原因是加偏旁，非形声字转化成形声字，例如“塊”字取代“凷”字，“亦”字分化出“腋”字。所以汉字绝大多数是形声字。后起的会意字比较少，往往是简化字。如“鑯”简化成“尖”，“竈”简化成“灶”。语言是交际工具，文字记录语言，也是一种交际工具。交际工具有收发双方。发的一方要求简单，收的一方要求明白。这两项要求是矛盾的。交际有来有往，同一个人既是收到信息的人，又是发出信息的人。过分强调哪一个要求都会影响每一个人的切身利益。两种要求互相牵制，为求得平衡，中庸之道就是简明，简单而不含混，明白而不啰唆，并且有适当的羡余率。这本来是符号系统的共同要求，语言文字是最根本的符号系统，当然不能例外。“慈石—礠石—磁石”的演变也许最足以说明问题。《吕氏春秋》卷九《季秋纪·精通》：“慈石召铁”，和“慈爱”的“慈”写法相同。《广韵》平声之韵：“慈，爱也，……疾之切。”底下就是“礠石，可引针也”。一分为二，字数是增加了，“礠石”比“慈石”更明确。《集韵》有“礠、磁”两个字形。

"磁"比"礠"简单。先繁化后简化，从"慈"到"磁"的演变是一种进步。有人也许说，"慈石、礠石、磁石"同样明白。不然，离开后头的"石"字，就可以看出分化的必要性。"磁性、磁力、电磁波"要是写成"慈性、慈力、电慈波"，瞧着就别扭。我写到这里，一个电工刚走过来，说"慈字写错了"。所以，文字要有适当的羡余率（用普通的话说是"留有余地"），否则容易发生误会。

（本章原载《中国语文》1980年第一期）

陆 汉字的演变与汉字的将来[①]

今天，在“汉字文化之历史与将来”的国际会议上，我有机会向大家讲演，觉得十分高兴。我的题目是：《汉字的演变与汉字的将来》。

从殷虚的甲骨文算起，汉字有三千年的历史。从汉代起，汉字作为汉语和汉文化的“载体”（carrier），传到当时在文化上后进的邻邦，形成汉字文化圈。这才有今天的会议。汉字的历史悠久，分布的地区广大，使用的人口众多，详细讨论汉字的演变需要写好几本书。今天，我想先从宏观的、通史的角度，大略说几条汉字演变的大方向；再从微观的、主要是近代史的角度，举些有意思的、新鲜的例子，说明演变的总趋势是越来越合理，汉字的效率越来越高，有适当的羡余率（redundancy），充分的适应性（adaptability）。然后转入题目的下半，讨论汉字的将来，汉字的前途。指出汉字适用于汉语的整体，不管是古往今来的，还是东西南北的汉语。

① 1986年5月19—22日，为了纪念《大汉和辞典》修订版完成，日本大修馆书店与朝日新闻社“主催”，在东京召开“汉字文化之历史与将来”国际讨论会。这是作者在会上的讲演稿全文。本文原稿5月17日写出，发表时略有更改。

上　汉字的演变

汉字演变的大方向可以举出三条来说。

6.1　篆书变为楷书

秦代实际应用的文字有篆书和隶书，汉代又加上草书。近年出土的云梦秦简、马王堆帛书、银雀山竹简，字体都介乎篆隶之间。篆书写快了就是隶书，隶书又变为楷书。篆书庄重，四平八稳，不便于日常应用。草书草率，易写难认，也不便于日常应用。楷书流畅，就成为后代书写、印刷的标准。楷书比篆书易写，比草书易认。楷书作为标准，不能不说是汉字的进步。

6.2　形声字增加

形声字由形旁和声旁两部分组成，形旁跟全字的意义有关，往往是《说文》以来字书的部首，声旁跟全字的读音有关。例如“江”字“河”字，“氵（水）”字是形旁，“工”字“可”字是声旁。“江”指江水，就是长江。“河”指河水，就是黄河。以后字义扩大，“江”和“河”分别泛指南北的江河；最后泛指江河，不分南北。“工”字的古音跟“江”字的古音相近，“可”字的古音跟“河”字的古音相近。

汉字有形声化的趋势，《说文》里的形声字，按比例说，比甲骨文和金文多。朱骏声《说文通训定声·说文六书爻列》统计《说文》9475字，六书的字数如下：

指事	125	象形	364	会意	1167
形声	7697	转注	7	假借	115

其中形声字占81%。上述分法在细节上有可议之处。有许多字兼属两类。就结构而言，形声字的数目还要增加。现在使用的文字中，形声字按比例说比《说文》还要多。

6.3 假借字减少

假借字指同音替代的字和音近替代的字。

略读古书的人都知道，古书假借字多。唐代张参《五经文字·序》（序题大历十一年，即公元776年）云："又以前古字少，后代稍益之故，经典音字，多有假借。"元注云："谓若借后为後，辟为避，太为大，知为智之类，经典通用。"多音字分化和多义字分化起减少假借字的作用。现在举几个例子。

《论语》第一章，"子曰：学而时习之，不亦说乎？""说"借作喜悦的"悦"。

《马王堆帛书》里的《老子》甲乙两本都是《德经》在前，《道经》在后。《德经》第一章（通行本第三十八章）甲乙两本厚薄的薄都作"泊"，彼此的彼甲本作"皮"，乙本作"罷"。通行本第三十九章"侯王自謂孤寡不穀"，甲乙两本"謂"都作"胃"，"穀"都作"槖"，并且全书别的地方都如此。

假借字减少和形声字增加有时候分不开。例如朱德熙先生的《自指和转指》，见《方言》1983.16—31页，引用古书例句在古今字形不同时就用括弧注明现行的字形。例句前标明该文页码。

19 原（源）浊者流不清。（《墨子·修身》）

20 今有功者必赏，赏者不得（德）君，力之所致也。有罪者必诛，诛者不怨上，罪之所生也。（《韩非子·难三》）

20 武城人或有因于吴竟（境）田焉，拘郑人之沤菅者。（《左传·哀公八年》）

21 圣人先得我口之所耆（嗜）者也。（《孟子·告子上》）

23 横说之，则以诗书礼乐，從（縱）说之，则以金版六韬。（《庄子·徐无鬼》）

25 秦攻梁者，是示天下要（腰）断山东之脊也。（《战国策·魏策四》）

以上例句中，除“得”借作“德”之外，“原、竟、耆、從、要”五字现行的字形分别加上形旁，成为形声字。“原、竟、耆、從、要”是本字，广用字，不是假借字。“源、境、嗜、縱、腰”是专用的形声字。可是从表面看来，“原”等五个字好像是假借字。

上文从宏观的、通史的角度讨论汉字演变的大方向。现在从微观的、主要是近代史的角度说明汉字演变的合理化趋势。文字是记录语言的，合理化的标准就是看记录得明确还是含混。做这类研究工作选材特别重要。讨论字形变化，排印本的用处不大。我们用的是晚明刻本小说和旧抄本《石头记》（=《红楼梦》）的影印本。

6.4 回避同音字

回避同音字有两种方式，一是改音不改字，二是改说法，就是改字或者加字。现在分开来说。

改音是本字不变，只改读音。有人问："耶稣"的"耶"《广韵》平声麻韵以遮切，北京音照例读阳平yé，为什么读阴平yē？这是回避"爺孃"的"爺"yé字改音。

"爺孃"的"爺"本作"耶"，从"父"的字形著录于《大广益会玉篇》卷三父部第二十五，注云："以遮切，俗为父爺字"，是后起的写法。《颜氏家训·文章第九》引梁简文帝指摘"不知是耶非？"的诗句，说是"不识其父"。"耶"在这句诗里可以作"语助词"讲，又可以作"父"讲。所以简文有此指摘；颜氏说这个虽然是"古事"，"不可用也"。"古事"指《汉书·外戚传》汉武帝思念李夫人所作诗的第一句"是邪非邪[＝是耶非耶]"。

同类的例子有"神甫"。《现代汉语词典》1965年试用本这一条的释文如下：

> [神甫]shén·fu 天主教、东正教中有一定职位的传教士。过去也作神父。

"神父"写成"神甫"，就是回避"父"字，读成shén·fu，第二字轻声，连音也不同了。"师父"shī·fu北京通常写成"师傅(付)"，上海通常写成"师务"，也是同样的道理。

再举个眼前的例子，就是"癌症"的"癌"字。《中华大字典》(1915年)"癌"读若"嵒"，注云："脏腑所生毒瘤也"。《辞源》(1915年)"癌"读如"嵒"，"癌肿"条注云："谓恶性肿毒"。《校改国音字典》1921年2月国语统一筹备会订正，商务印书馆印行"癌ㄧㄞ，音碞。""读若嵒，读如嵒，音碞"折合成北京音就是yán。以后的字书，"癌"字都用这个音，包括《国音常用字汇》(1932年)、《辞海》(1936年)、《国语辞典》(1947年)，一直到解放后编的1953年出版的《新华字典》，都是如此。《现代汉语词典》1960年印的试印本“癌”字条释文如下：

［癌］yán〈医〉上皮组织发生的恶性肿瘤。……也叫癌瘤或癌肿。

“癌”字还是用yán的音。

1961年，《新华字典》大修。编者考虑到“癌症”（cancer）跟“炎症”（inflammation）最好有个区别，就参考某些方言“岩（巖）”读如“崖”，就是ngái一类的音，北京语音没有ng［ŋ］声母（除非是连读成［ŋ̍］自成音节），就推荐“癌”读ái，第二年，《新华字典》印出来，扉页印着“（1962年修订重排本）”，“癌”字的音是ái（旧读yán）。《现代汉语词典》1965年和1973年两次印的试用本“癌”字条释文同试印本，音改成ái（旧读yán）。音ái就音ái好了，为什么还要来个旧读呢？这有两层意思：第一表示ái这个音不是印错了，是有意推荐的跟旧读不同的音。第二是声明，要是你不赞同ái的音，你还可以用旧读yán。林语堂等编的《当代汉英词典》（1972年）“癌”字音yán，并且说有人主张读ái，用来跟“炎症”的“炎”yán区别。

癌ái的音站住了，行开了。新《辞海》也用ái的音，注明旧读。《新编小学生字典》（1983年）也用ái的音，不注旧读。广播、电视跟平常口语都用ái的音。

现在说说“癌”字的来历，《中医杂志》第二十七卷第三期（1986年3月）68—69孙启明《漫话“癌”字》云：

“癌”字我国古字书均不收载，此字仅见于我国古医籍中。最早在南宋［孝宗乾道七年，公元1171年］《卫济宝书》中已有记载，其将“癌、瘭、疽、痼、痈”共称“痈疽五

> 发”，与恶性肿瘤无涉。……［帝昺景定五年，公元1264年］宋杨士瀛所著《仁斋直指方论》卷二十二中描述……的“癌”确是恶性肿瘤，……宋代以后疡科方书中癌惯作“岩、巖、嵒”如乳癌明陈实功作“乳岩”，王肯堂作“乳巖”，清王洪绪作“乳嵒”，高锦庭之“牙巖”、“肾巖”等皆是。《本草纲目》则“癌、岩”二字并见。

承孙启明先生来信指教，特此表示谢意。

《广韵》“嵒、碞”五咸切，“巖（岩）”五衔切，音义均相近。《尔雅·释山》郭注“谓山峰头巉巖”，《释文》“嵒本又作巖字”，可见《释文》所据底本作“嵒”。《书·召诰》“畏于民碞”正义：“碞即巖也。”唐宋以来，多数方言“咸、衔”两韵不分，三字同音。“乳巖（岩）”变成“乳癌”，加形旁“疒”，又以“嵒”为声旁，也是形声化。

以上说“改音”，现在说到“改说法”。改说法是改字或者加字，换一个说法。1949年以前我们中国出版的书籍，计算版次用“初版、再版、三版、四版……”，1949年以后用“第一版、第二版、第三版、第四版……”。改变说法的理由是“初”字的音。我国出版事业的中心，1949年以前在上海，1949年以后转移到北京。比方商务印书馆跟中华书局的总管理处和编辑部都从上海迁到北京。上海在吴语方言区里，吴语“初”字阴平，“出”字阴入，两字声调不同。北京话没有入声，“初＝出”chū两字同音。“出版”跟“初版”吴语不同音，北京话同音chū bǎn。书籍的版权页上“出版”和“初版”常常同时出现，看起来很明白，说起来意思两可。“1985年11月chū版”可以是“出版”，也可以是“初版”。我想这大概是“初版”改成“第一版”

的原因。

中国台湾和香港出版的书籍沿用“初版、再版”的说法，原因恐怕也要从两地的方言里去找。台湾推广国语（普通话）的成绩很好，当地说闽南话的居民还是占多数。香港居民学习普通话的越来越多，当地最通行的方言还是粤语。闽南话和粤语都有入声，“出”和“初”都不同音。

刚才举了北京话同音改说法的例子，现在再举一个上海话的例子。几年前我到上海，发现文具店出售的稿纸上印着“原稿纸”。原因大概在于上海话“稿纸”和“稿子”同音，改成“原稿纸”可以避免误会。北京“稿纸”是gǎo zhǐ（第一字变阳平），“稿子”是gǎo · zi（第一字变“半上”，第二字轻声），音差得很远，没有误会可能。

6.5 多音字分化

本节所论，详见上文3.7节。

从结构上说，汉字绝大多数是形声字，形旁跟全字的意义有关，声旁跟全字的读音有关。因而在使用汉字的社会形成一种“形声化”的潜意识，这就转化为加形旁、改形旁、改声旁、新造形声字的习惯。

进一步的寻根究底，这种习惯形成的原因要从汉字的性质来看。汉字是语素文字（logogram），有形有音有义，《尔雅 · 释训》释文引张揖《杂字》云：“训者谓字有意义也。”北京话有1400个音节，北京话的语素比音节总要多若干倍。《集韵》收音比《广韵》多，《广韵》斟酌用《集韵》补充，约有4000个音节，当时汉语的语素的数目一定还要多得多。要区分同音的语素，加形旁、改形旁是理有固然，势所必至。

俗字加形旁常常过火，如陆德明《经典释文·序录》所说："且六文八体，各有其义，形声会意，宁拘一揆。岂必飞禽即须安鸟，水族便应著鱼，蟲属要作虫旁，草类皆从两中。如此之类，实不可依。"不过应该指出，适当的使用这种方法来区分多音字，区分多义字，使文字更加明确，是合理的。比如"扇"字分化成"扇"和"搧"。

"扇"字《广韵》有去声式战切shàn和平声式连切shān两音，去声是名词，平声是动词。《集韵》有从手的"搧"字，专用作动词。现在从晚明小说里举些"扇"字（名词去声）和"搧"字（动词平声［阴平］）连用的例子。

《金瓶梅词话》五二5只顾搧扇子。（这句话又见于四九14，搧字误从扉。）｜五四2政（正）待打开衣带，搧搧扇子。（《金瓶梅词话》用万历丁巳本影印本。）

《警世通言》二3为何举扇搧土。｜4因此举扇搧之。｜此扇即搧土之物。｜9将扇搧坟。

《警世通言》第二卷《庄子休鼓盆成大道》共用"扇"字15次，都是名词；"搧"字12次，都是动词：没有一个例外。（《警世通言》用天启甲子本复印本。）

研究文字要了解古字、本字，但是不能迷信古字、本字。有人根据"搧"字本作"扇"，主张把"搧"字简化为"扇"。这种主张虽然于古有徵，可是不便于今天使用。"扇"字本来是多音字，分化为"扇"shàn字和"搧"shān字，可以区分不同的字音，不同的词类，是一种进步。"搧"字重新简化为"扇"是不合适的。

6.6 声旁的变化

“脚踩cǎi在地上”的“踩”，晚明刻本小说里常用的写法有“蹀、躧”，“躧”较常见。《金瓶梅词话》九十6孙雪娥叫来旺儿“蹀着梯橙”过墙，九十8来旺儿“躧着梯橙”过墙。充分说明“蹀”字就是“躧”。再举些例子：

《金瓶梅词话》三十8蹀小板凳儿糊险道神。｜金二一16倒把我一双脚蹅chǎ在雪地，把人的鞋也蹀泥了。……躧在泥里。｜金二一3你躧不躧不在于我（躧指躧妓院的门）。｜二三10你说把俺每躧下去了。｜三一10把人躧到泥里。｜三八7每日躧街道罢了（躧元误作蹝）。｜四二10一壁厢舞迓鼓，一壁厢躧高撬。｜五十4傅伙计见他帽子在地下，说道……你替他拾起来，只怕躧了。｜六八9躧着火盆。……野马蹀场。｜六八18躧着马臺，望上一骗，打了一鞭，那马咆哮跳跃，一直去了。（骗元误作骟，咆哮元受跳跃感染从足旁，骗是侧身抬起一条腿上马。）｜七四6那一个有些时道儿，就要躧下去。

《古今小说》五4躧脱双靴，便伸脚下去洗濯。（《古今小说》用明天许斋本影印本。）

《醒世恒言》三33躧脱了绣鞋，和衣上床。（《醒世恒言》用天启丁卯叶敬池本影印本。）

“蹀、躧”的声旁都不读cǎi，这两个字现在少见，一般都写作“踩”。例如：

《汪曾祺自选集》（1983）中的《故里三陈·陈四》踩高跷的中途休息，都是坐在人家的房檐口。我们县的踩高跷的都是瓦匠，无一例外。｜戏文以《小上坟》最动人。小丑和旦角都要能踩“花梆子”碎步。｜陈四气得大病了一场。他发誓从此再也不踩高跷。

人民日报1985年3月3日第2版：“艰难险阻总在英雄脚下踩。”

《现代汉语词典》推荐“踩”这个字形。“踩”和“采”同音，写成“踩”是一种进步。

《水浒传》和《金瓶梅词语》都用“跐”字，也是“踩”的意思。

容与堂本《水浒传》二二11正跐着火掀柄上。｜12那庄客便把跐了火掀的事说一遍。｜二三1跐了火掀柄。｜2被兄长跐了掀柄。（四跐字元误从比，据贯华堂本改，又贯华堂本掀均作“锨”。）

《金瓶梅词话》三十9一只脚跐着门槛儿。｜三四12跐的地平一片声响。｜六一13用脚跐过泥。

《国语辞典》“跐”有“此”和“采”两音。以上例句中“跐”字的音有待研究。

6.7 形旁的变化

现在通行的“烫”字，容与堂本《水浒传》卷二十四至二十九都用从皿的“盪”，贯华堂本卷二十八至三十三才用从火的“烫”。（两本分别用中华书局1966年与1975年影印本。）

容二四8等武二去盪酒正当。（贯二八16烫）

容二四9那妇人起身去盪酒。（贯二八17烫）

《金瓶梅词话》一18同容二四9，句首无那字。

容二四 19 热盪温和大辣酥。（贯二八 34 烫）

《金瓶梅词话》二 10 同。

容二七 6 客官，打多少酒？武松道：不要问多少？只顾盪来。（贯三一 11 烫）

容二七 7 我盪来你尝看……盪得热了，把将过来，筛做三碗。（贯三一 13 烫）

容二九 9 盪一碗过来。[共三见]（贯三三 17—18 烫）

《金瓶梅词话》除了跟《水浒传》对比的两处同容与堂本外，他处也作“盪”。《古今小说》跟《二刻拍案惊奇》也有用“盪”的。（《二刻拍案惊奇》用日本内阁文库藏崇祯壬申本影印本。）

《金瓶梅词话》二七 10 只见春梅盪了酒来。｜六一 3 当下王六儿把酒打开盪热了｜六七 10 又是两大盘玫瑰鹅油盪麵蒸饼儿。

《古今小说》二六 14 又将烧红烙铁盪他。

《二刻拍案惊奇》四 29 盪热了酒，等见见官来尽兴。｜五 13 叫店家且慢盪酒。｜十一 6 因雪下得大了，同小女盪几杯热酒煐寒。

从《水浒传》两个本子看，是先有“盪”的写法，后有“烫”的写法。可是从《石头记》（=《红楼梦》）二十五回看，《脂砚斋重评石头记》甲戌本和庚辰本都用从火的“烫”，乾隆抄本百廿回本《红楼梦稿》不用从火的“烫”，用从皿的“盪”。不知道这三个抄本所据底本的早晚。第二十五回说到贾环故意把宝玉烫了。甲戌本二五 3—5 共用十八个“烫”字，这里只举林黛玉探视那几句为例。（甲戌本用胡适 1961 年台北影印本，庚辰本用北京文学古籍刊行社 1955 年影印本,《红楼梦稿》用中华书局 1963 年影印本。)

甲戌本二五 4—5 林黛玉见宝玉出了一天门,就觉得闷闷的,没个可说话的人。至晚正打发人来问了两三遍回来没有,这遍方才说回来,偏生又烫了脸。林黛玉便赶着来瞧,只见宝玉正拿镜子照呢,左边脸上满满的敷着一脸药。黛玉只当烫的十分利害,忙上来问怎么烫了,要瞧瞧。宝玉见他来了,忙把脸遮着,摇手不肯叫他看。……林黛玉因笑道,我瞧瞧烫了那里了,有什么遮着藏着的。

要充分理解上述从火的烫取代从皿的盪的含义,必须大略说说"盪"字和"湯"字的古今音。"盪"字《广韵》两个音:上声徒朗切相当于北京 dàng 去声(古全浊声母上声字今读去声);去声他浪切相当于北京 tàng 去声。"湯"字《广韵》两个音:平声吐郎切注云"热水",相当于北京音 tāng 阴平;去声他浪切注云"热湯"(参看《集韵》注云"热水灼也"),相当于北京音 tàng 去声。("湯"字《广韵》还有平声式羊切一音,注云"湯湯,流皃",相当于北京音 shāng 阴平,这里不讨论。)

"烫"这个字形晚起,是"湯" tàng 去声的专用字。如上所说,"烫" tàng 取代"盪" tàng 之后,"湯" tāng,"烫" tàng,"盪" dàng,三个都成了单音字,意义区别显著。这类演变提高了文字的效率。

6.8 该不该加形旁?

"东西搁在某处"的"搁",晚明小说里多写作不从手的

“阁”。例如：

容与堂本《水浒传》四五19一只手把刀去脖子上阁着。

《金瓶梅词话》十八11送了五个帖儿，在拣妆上阁着。｜五七8就写上五百两，阁了兔毫笔。｜六七5上头又阁着个小描金方盒儿。

这类“阁”字现在都写作从手的“搁”。加上手字旁，意思好像显豁一点。（“耽阁、阁置”晚明小说作“阁”，现在作“搁”，这里不细说。）

有的字加上形旁，意思好像没有什么不同。可以举“咨”字跟“諮”字为例。

小时候读诸葛亮的《出师表》，发现这篇文章里有两个从口次声的“咨”字，还有两个从言咨声的“諮”字，音一样，意思也一样，只是写法不同。问老师他也没有告诉我所以然。

无论是不从言的“咨”或是从言的“諮”，本来都不是很常用的字。这几年来，我国对外开放，对内搞活经济。无论口头上或书面上，“咨（諮）询”都大量出现。下边随手举几个报刊上的例子。《经济参考》1984年1月13日第4版《咨询机构介绍·中国科学技术咨询服务中心》条，正文共有十八个“咨询”。《参考消息》1984年1月14日第2版《〈英国咨询局新闻〉1月3日报道》条有“咨询服务｜咨询行业｜咨询系统”。美国新闻总署编辑的《交流》季刊1985年第一期13页有“一项医学谘询程序｜另一个谘询程序｜一种通用诊断谘询系统｜一种自动化谘询系统｜地质谘询试验系统”。

有的人有个错觉，以为从言的“諮”是正字，不从言的“咨”是简化字。事实刚好相反，不从言的“咨”是正字。《说文》二下口部："咨，谋事曰咨，从口次声。"段玉裁注："《左传》曰访问于善为咨，《毛传》同。"从言的"諮"不见于《说文》。

"咨询"见于《诗·小雅·皇皇者华》：

……载驰载驱，周爰咨诹。

……载驰载驱，周爰咨谋。

……载驰载驱，周爰咨度。

……载驰载驱，周爰咨询。

《毛传》："访问于善为咨，咨事为诹。"《经典释文》六9："咨，本亦作諮。""咨"字从言可能是受"诹、谋、询"三个字都从言的感染。陈奂《诗毛氏传疏》："諮俗字。"《郃阳令曹全碑》（汉灵帝中平二年，即公元185年立）："圣主諮诹"，用从言的写法。

讨论"咨"和"諮"两个字通用，最好的资料是刚才提到过的诸葛亮的《出师表》，这篇有名的文章见于陈寿《三国志》和萧统《文选》。"咨"和"諮"两字的分布，商务印书馆影印宋本《六臣注文选》和中华书局影印尤袤刻《李善注文选》、胡克家翻尤刻本三个本子内部一致；商务印书馆影印百衲本《三国志》和中华书局排印本两个本子内部一致。可是《文选》和《三国志》两字分布不同：

《文选》	《三国志》
宫中之事，事无大小，悉以咨之	咨
营中之事，悉以諮之	咨
諮臣以当世之事	諮
以咨诹善道	諮

《文选》和《三国志》"咨""諮"两字意思相同而分布不同，充

分说明从言不从言两个形体本来是一个字。《出师表》说“遂许先帝以驱驰”，又说“以咨诹善道”，可见受《诗经》的影响。“咨询”也应该依据《诗经》，写不从言的“咨”。

“諮”字的其他用法如“諮议”之类，都可以写成“咨”而不至于引起误会。

日本的《常用汉字表》有从言的“諮”，没有不从言的“咨”，我想向日本的学者请教，把《常用汉字表》里的“諮”改成“咨”有无不便之处。

6.9 繁简的互变

汉字演变的总趋势是越来越合理。但是不能说汉字演变的每一步都趋向合理化，比方俗字加形旁过火。这里举一个繁简互变的例子，说明演变的道路有时是曲折的。

“一出戏”的“出”本来就是“出入”的“出”，《祖堂集》《景德传灯录》《醒世恒言》都这么写。

> 《祖堂集》五 13（总 99）药山问：承汝解弄师子，弄得幾出？师曰：弄得六出。药山云：我亦弄得。师问：和尚弄得幾出？药山云：我弄得一出。（台北广文书局 1979 年影印高丽本。）
>
> 《景德传灯录》十四 15（《四部丛刊》本）文句大致同上，也用四个“出”字。
>
> 《醒世恒言》二十 63［张廷秀］道：孩儿向在四方做戏，今日知赵姨丈荣任，特来扮一出奉贺。｜64 我好意要做出戏儿贺你。｜64 演一出儿顽顽，有何不可？

《脂砚斋重评石头记》这个字的写法很有意思。己卯

（1759年）本十一回共用七个"出"字，前两字用朱笔圈去，后五字用朱笔点去，七处一律旁注从齒从句的"齣"字，这是后起的专用繁化字。（己卯本用上海古籍出版社1980年影印本。）

己卯本十一6 凤姐儿慢慢的走着问：戏唱了有几出了？那婆子回道：有八九出了。｜7 邢夫人、王夫人说道，我们合亲家太太都点了好几出了，你点两出好的我们听。凤姐儿……点了一出《还魂》，一出《弹词》。……说现在唱的这《双官诰》唱完了，再唱这两出，也就是时候了。

庚辰本十一252 前两个"出"字分别用墨笔点去圈去，旁注"齣"字。253 后五个"出"字都没改，边上无注。乾隆抄本百廿回《红楼梦稿》十一4 七个字一律作"齣"。列宁格勒藏本十一382—385 一律作"齣"。

新《辞源》"齣"字引《儒林外史》三十的例子，又引清纪昀《阅微草堂笔记》十五："传奇以一折为一齣。……见吴任臣（一六三一——一六八四年）《字汇补》。"

20世纪50年代的第一批简化字本来要把"齣"字的"齒"旁简化，后来丁声树先生指出"齣"字本作"出"，这样就回到本来的写法了。由此可见研究文字历史的重要性。

下　汉字的将来

现在说到汉字的将来，汉字的前途，这是很多人关心，不少人担心的问题。分析起来，这里包含三个问题：［一］汉字的优缺点；［二］汉字与识字率；［三］汉字与科学技术。这三项是密切相关的，现在从第一项说起。

6.10 汉字的优缺点

汉字的缺点经过有的人几十年来的反复宣传，话大概已经说得差不多了。近几年来开始有人说汉字的优点，有的宣扬汉字缺点的人就表示很气愤，有点受不了。

鸦片战争以后，1949 年以前，中国成了东亚病夫，到处挨打，政治腐败，经济落后，教育不发达。有人就归咎于汉字，汉字成了替罪羊。

有人拿汉字跟拼音文字对比。英文只有 26 个字母，大小写合计 52 个。日文的假名，平假名和片假名在一起是 100 来个。汉字常用字就有三四千个。结论是汉字难学。

这种说法看起来有道理，其实是片面的。这种说法抹杀了三种文字的差别。英文是音素文字。假名是音节文字。汉字是语素文字（logogram）。罗马字母和假名书写单位的数目少，汉字书写单位的数目多。就学习书法而言，拼音文字比汉字学起来当然省力。但是罗马字母和假名本身没有意义，学完了英文字母还得学英文，学完了假名还得学日文。汉字是语素，本身有意义。汉字的信息量比罗马字母和假名大。汉字的构词能力强。这是谁都承认的。我们不能拿语素文字的优点来要求拼音文字。同样的，也不能拿拼音文字的优点来要求语素文字。

汉字作为语素文字，还有两项优点，就是超方言性和超时代性。

举个实际的例子来讨论一下。现代的英国人、美国人看六百年以前的诗人乔叟（Geoffrey Chaucer，1340？—1400

年）的诗，据说有点像看外国诗。相反的，中国人读《论语》和《孟子》就容易多了。参看赵元任《国语入门》第3页，1948。

子曰："学而时习之，不亦说（悦）乎？有朋自远方来，不亦乐乎？"（《论语》）

孟子见梁惠王。王曰："叟，不远千里而来，亦将有以利吾国乎？"（《孟子》）

可是孔子（公元前551—前479年）和孟子（约公元前390—前305年），距离现在两千多年了。这是说的超时代性。这是什么原因造成的呢？这是因为汉语语素的意义以及代表语素的汉字的演变比语音的演变慢。换句话说，就是用字的变化比字音的变化慢。

汉语的方言复杂地区主要在东南半壁，长江以南、京广铁路以东地区。北京人、上海人、福州人、广州人，要是不说以北京语音为标准音的普通话，不互相学习对方的话，是很难互相理解的。可是全国的人可以看同一份《人民日报》，书信来往，毫无困难。这是什么原因呢？方言之间，语素意义的差别小，语音的差别大。换句话说，各方言用的字大致相同，只是读音不同。

文字是记录语言的。汉字适用于汉语的整体，不管是古往今来的汉语，还是东西南北的汉语。

6.11 汉字与识字率

有人提这样的问题："中国文盲这么多，你说跟汉字没有关系吗？"这种问题，你不能正面回答。你要是正面回答，无论怎么回答，都容易上当。最稳妥的办法是用问话回答问话：你说文字制度跟文盲多少有必然关系吗？拉丁美洲大部分国家用西班牙文，巴西用葡萄牙文，海地用法文。这三种文字都是拼音文字。拉丁美洲的文盲并不少。日本使用汉字，又使用假名，日本的汉字一字多音的现象比任何汉语方言都要多。所以赵元任先生说："我想只有日本的文字比中国文字学起来还更麻烦一点儿。"《语言问题》221页，1980年，北京。可是日本的文盲非常之少，也许接近于零。我一下子找不到最新的统计数字。根据我国《参考消息》1980年3月31日刊登的日本《朝日新闻》的时事资料，

地区或国家	1975至1976年的识字率（%）
中美（包括墨西哥）	63
南美	77
日本	99
西欧	96

十年来识字率当然有变化。根据上述数字，中美（包括墨西哥）的文盲是37%，南美是23%，日本是1%，西欧是4%。《朝日新闻》当时没有中国识字率的资料。根据1982年我国第三次人口普查，文盲与半文盲占全部人口23%。面对这些数字，文盲的多少能跟拼音文字联系上吗？文盲的多少能跟汉字联系上吗？文盲的多少能跟文字的制度联系上吗？老实说，"中国文盲这么多，你说跟汉字没有关系吗？"这种提法意图用反问来贬低汉字，只要拿事实一检验，就可以看出这是一种不高明的修辞手法。

文盲问题跟其他任何问题一样，也要分析。美国是科学技

术发达的国家。美国也有文盲问题。我手头有几份剪报，这里节录两份。请参看1986年5月5日美国《时代》周刊68页。

[法新社华盛顿5月20日电]美国：十分之二的成年人基本上是文盲

在美国，近20%的成年人——2300万人——基本上没有阅读和书写能力。因此，他们无法处理日常生活中最最一般的问题：填写就业申请书，开一张支票或者看懂一份公共汽车时刻表。……面对这一现象人们首先指责的对象是电视。电视节目成了热门（平均每人每周看电视27小时以上），并在许多家庭中代替了书籍。然而，许多研究人员认为，应当受到指责的是教育制度本身……。（《参考消息》1982年6月9日第4版）

[香港《南华早报》10月1日文章]美国的文盲是工业发展的主要威胁

美国副总统布什夫人援引福特基金会研究报告的话，指出有5700万美国人是半文盲的时候，警告实业界说，在过去的三十年中，美国已从联合国文化最发达国家的第18位降到第58位。布什夫人说，这一情况对美国实业界来说是非常可怕的。她指出，有2300万美国人——约占美国人口的十分之一——连一句简单的句子都念不下来，另外还有3400万半文盲，他们只具有九岁的孩子一般的阅读能力。……美国海军认为，文盲是最严重的问题，1977年招募的10万新兵中有3万人连九岁孩子的阅读能力都没有，虽然他们中间大部分还都是高中毕业生。那一年有一个

人因为不会阅读修理手册，损坏了一架柴油机。（《参考消息》1982年11月30日第3版）

请注意，这里没有指责英文本身。英文拼法不是无懈可击的。萧伯纳（George Bernard Shaw，1856—1950年）临死，就留下一笔钱专供研究改革英文拼法之用。

有的人看到我国文盲多，教育水平低，就归咎于汉字。不知道用拼音文字的国家，像美国那样科学技术高度发达的国家，同样具有文盲多，教育水平低的问题。讨论这个问题要实事求是。综合各方面人士的意见，在通过义务教育法之后，我国的教育事业还要解决三个问题：一是经费不足，二是师资缺乏，三是对教育的重要性重视不够。这里当然不能讨论法律问题，经费问题，师资问题。请允许我引一份调查报告的结论，两条消息的题目，用来说明我国上下对教育的重视。所引用的报纸都是《人民日报》海外版。

全国农村社会经济典型调查综述

农民文化水平低，是农业现代化建设的重大障碍。在调查的村庄中文盲比例较大，即使稍有文化的人也多缺乏专业技术。应当按照当地财力、物力许可的程度，大力加强农村基础教育，尤其要抓好专业培训，提高农民文化水平，培训农村各种人才。这是繁荣农村的长久之策。（1986年5月2日）

标题1.农村经济改革推动科技文化普及　甘肃200多万妇女接受扫盲教育（1986年4月16日）

标题2.一个普通农民的胸怀——“勤劳致富带头人”赵恩惠捐款六万多元办学、修路的佳话（1986年5月8日）

有了《义务教育法》，又有全国上下的重视，法律的实行是有保证的。《论语·子路》里有一章是：

> 子适卫，冉有仆。子曰："庶矣哉。"冉有曰："既庶矣，又何加焉？"曰："富之。"曰："既富矣，又何加焉？"曰："教之。"

我国现在实行的政策是"富之又教之"，全民识字的目标是可以逐步达到的。

6.12 汉字与科学技术

几年前有人指摘汉字不能输入计算机（电脑），计算机不能输出汉字。事实已经否定了这个指摘。

三十几年前有人指摘汉字不适于制定科学名词（科技术语）。直到最近，还有人重复这个老话。值得注意的是提出这种指摘的往往不是科学家。现在我们来看看物理学家对物理学名词的意见。《人民日报》1983 年 4 月 3 日登了中国科学院学部委员彭桓武、黄祖洽、周光召、何祚庥合写的一篇悼念王竹溪教授的文章，题目是《一代师表——学习王竹溪同志的治学态度》。这里节录四分之一。

> 王竹溪同志是我国著名的理论物理学家。……竹溪同志的另一大贡献是对物理学名词的翻译和审订。把物理学名词译成汉语，这是我国物理学家对于中国物理学的一大贡献，是许多前辈物理学家集体创作的结晶。竹溪同志是其中最有贡献的一位，并由他博采众议，集诸家之长而最后定稿。把物理学名词译为汉语，也许有些人认为这算不上什么科学工作。其实要办好这一件事并不容易。

这除了要准确表达物理学内容，还要符合汉语的表达习惯，使大家易懂易记。在一些第三世界国家，至今不能用本民族语言讲授物理学，相比之下，我国解放后把科学名词一一译为汉语并最后加以确定，实在是对中国科学的一大贡献，也是对汉语的一大贡献。……竹溪同志和我们永别了，但是他在物理学上的贡献，在文字学上的贡献，他治学、做人的种种美德，将永远流传下去。

我国老一辈科学家对我国的语言文字造诣深，至少精通一种外语。至于他们的科学水平，无须乎我在这里赞扬。我国的科学家制定科学名词的经过，局外人往往不知道。这种工作的重要性，彭桓武教授等人已经说得题无剩义，该说的话都说了。但是必须重复一下，制定科学名词的确是对汉语的一大贡献。王竹溪教授在文字学上的贡献将永远留传下去。抗战期间，我在昆明，在西南联大上学，当时王竹溪先生已经是名教授。先师唐立庵先生讲古文字学，王先生曾经和我们这些学生在一起，听了一年唐先生的《说文》课。当时我还听说，王先生读《康熙字典》，曾经统计《康熙字典》的字数。科学家读《康熙字典》，才肯下这种硬功夫。抗战胜利以后，唐先生发表《中国文字学》（上海开明书店 1949 年），148 页说“《康熙字典》就是 47 021 字”。唐先生亲口告诉我，这是王先生统计的。朱德熙先生告诉我，王先生告诉他统计有几个字的误差。

不妨再举一个例子，我国的科学名词的最后确定，往往出自名家手笔。

　　译名应该照顾到汉语构词的习惯以及汉语词汇望文生“义”的特点，比如 laser 一词，原为英文中 light

amplification by stimulated emission of radiation"光受激辐射放大"这个短语的缩写，对此曾有过种种译名，最后在1964年第三届全国激光会议后经钱学森教授建议统一为激光，这样就不再是一个短语而是一个词了。[李荣按：laser曾音译为莱塞。](《百科知识》1984年第六期39页，张友韬、王渝丽、李敉力《大百科全书的学术名词统一工作》)

说过物理学名词，现在说到化学名词了。化学家造了一些新字，受到有的人责难，并且在报上宣传。奇怪的是：科学家很少对化学名词提意见，提意见最多的往往不是科学家。1953年2月21—23日，化学物质命名扩大座谈会在文津街中国科学院礼堂召开。出席会议的有很多化学家，还有中国科学院两位副院长吴有训和竺可桢，化学研究所所长曾昭抡。语言研究所应邀参加的有丁声树先生和我。

多数化学家的意见是：制定化学名词可以造字。中国化学新字有一两百个，多数字是1949年以前二三十年造的，1949年以后造的只有几个。一两百个新字可以系统地为百万种物质命名。我国化学物质名词业已通用了数十年，并没有不能应用之处，突然改革是没有必要的。

还有一派是文字改革专家和极少数的化学家。他们相信中国文字迟早要变成拼音文字。他们以为这是可能的，需要的，也是必然的。他们之中有人主张放射性元素plutonium(符号：Pu)译为"钚"字实在不解决问题，译义应为"冥王素"，译音应为"勃留托"。

2月21日下午丁声树先生在会上发言，说了下列三点：

第一，化学物质命名应从实际出发，使教化学、学化学的人便利，使多数化学家满意，不能求外行人都满意。我们要就一些具体事实指出短处求改进，不应全盘否定旧来成就。

第二，文字尚未改革，不能要求化学名词先拼音化，不能拿化学名词做试验品，化学家不能做文字改革的先锋。现在文字是汉字，化学物质命名制造新字也是当然的事，不过要求造字一般要符合形声字的原则。

第三，单音双音不必拘泥。不能说单音是落后的，双音是进步的。有人说“金”要说“金子”，以此证明汉语是复音语。但是“柴米油盐酱醋茶”都是单音，不说“油子盐子”。

2 月 22 日下午，我在会上发言，主要说了下列三点：

一，语言文字要为科学研究服务，不是科学研究为语言文字服务。化学名词的好坏应该根据是否适合化学研究判断。

二，化学家知道的文字学很多，文字学家知道的化学太少。化学家造新字并不违反文字学。化学名词要讲究系统性。音译外文名词说起来太累赘。中外语音构造不同，不能直接用外文名词。

三，不能拿任何外国语做标准，来确定中国话的所谓“词”。比如英文“铁路”是一个字，railway 或者 railroad，法文“铁路”冠词在外是三个字，le chemin de fer；“饭厅”英文是两个字，dining room，法文冠词在外是三个字，la salle à manger，可是“饭馆子”法文不算冠词是一个字，le restaurant。

弹指光阴，三十三年过去了。丁先生和我当时说的话，在会上都是有针对性的。回想起来，会议进行得很顺利，当然化学家对名词的意见不完全一致。这个会议还牵涉到一些并非化学物质而跟化学有关的译名。比方有个单位的名词小组提出：名词以意译为原则，音译次之，能音义并译更佳。例如 valve 译成"阀"。这个译名行开了。比如《人民日报》（海外版）1986 年 5 月 1 日第 4 版有一个"生产中低压阀门的专业厂"的广告，中英文并用，标题是"阀门 VALVE"，列举了九种阀门，有球阀 globe valve，蝶阀 butterfly valve，安全阀 safety valve 等。

唐先生的《中国文字学》97—98 页说得好：

> 真正的形声文字的发生，和社会文化的发展有密切的关系。……新文字的发生，根于事实的需要，因为产业的发展，文化的进步，增加了无数的新语言。……我们的祖先创造这些新文字，和现代科学家造"氢、氮、锌、镍"等字的方法，是始终一贯的。

关于汉字、拼音文字跟科技术语的问题，王宗炎先生在《读书》1984 年第 12 期发表的《评陈原〈社会语言学〉》说得很精彩。他认为：

> 作者希望科技术语能国际化，许多人也有此希望，可是他以为在中国，科技术语不易制定，科技术语借词不易写定，是由于"现代汉语的书写系统不是拼音的"（321 页），这未免把本应由汉语负担的责任推给汉字了。他只看见汉字的短处，可没看见汉字的长处。
>
> 我们常用的科技术语借词不多，这主要不是由于使用汉字，而是由汉语的语言特性决定的。tritium 不能直接借用，要译为"氚"，读作川（这个读法一般人都不懂），这诚然是个麻烦（见 322 页）。可是就让你废除了汉字，改用汉语拼音方案或者别的拼音文字，把 tritium 原封不动

地写在你的汉语文章里，那没学过英语的中国人就会念出[ˈtritiəm]这些音来吗？还是不会。大家知道，[tri]，[tiəm]这些音节，汉语里是没有的，引进写法，并不能改变汉语的语音。问题不在于怎么写，而在于汉语音系与其他语言不同，只要你说的是汉语，你就不能做到把科技术语国际化（指语音的国际化）。

即使改用拼音文字，借用外语科技语汇也还有不少问题。首先要问，从哪一种语言借用呢？比方“化学”这个词，从英语借是chemistry，从法语借是chimie，从俄语借是химия，写法不同，念法也不同。这样直抄原文，对于不懂外文的中国人，是否比译为“化学”来得方便而合理呢？

用汉字译tritium为“氚”，是否有弊而无利呢？我们以为，至少有三利：第一，tritium有两个音节，“氚”只有一个，说话省了一半力气和时间。第二，看见了tritium，谁也不知道是什么样子的东西（液体？气体？固体？胶体？）；看见了“氚”，就知道跟“氢”、“氧”一样是气体。“氚”的信息量较大，表达法较明确，这是无可争辩的。第三，tritium所占的空白较大，“氚”只有它的三分之一，书写时省笔画，排印时省油墨纸张。目前最注重的是经济效益，从经济效益看，译tritium为“氚”，比径借原文上算得多。

作者觉得VIP（very important person，要人），MIRV（Multiple Independently-targeted Re-entry Vehicle，多弹头分导重返大气层运载工具）等英语缩略语使用方便，译

为现代汉语可有些困难，因此希望想出个简单易行的办法（327—328 页）。把一种语言的缩略语译成另一种语言，困难总是有的。我们汉语的“五讲四美”，用四个字代替原来的二十几个，说起来很方便，但是音译为 wujiangsimei（借词），英国人不懂，直译为“five talks and four beauties”（在意思上变成了“五次演讲，四个美人”），那就更不行了。可见以缩略语而论，更难以国际化。

谈到缩略语的符号学价值，我们以为汉语比英语倒有一日之长。例如NATO（North Atlantic Treaty Organization），N 没有意义，T 也没有意义，信息量极少。汉语把“北大西洋公约组织”缩为“北约”，“北”等于 North，“约”等于 Treaty，都有意义，信息量就大得多。再说，NATO 的书写面积比“北约”大，不合经济原则，这也是显而易见的。

我在这里还想补充两点。有人说英法德文互相转写科技术语，十分方便。方便是方便，还不是没有问题，1982 年 2 月 20 日的《参考消息》登的《美联社巴黎电》说：

在法文中往往找不到与美国人新造的技术词汇相当的词汇来。政府已着手编造这种法文词汇了。一月份，在有声望的法国科学院的四十名院士的帮助下，法国工业部公布了一份法文计算机词汇表。

由此可见法文科技术语的制定并不像外行人想象的那么方便。要是方便就不会惊动四十名院士了。

有人又说日文转写英法德文科技术语十分方便，意图说明汉字可以夹用西文术语，或用汉语拼音方案转写西文。这里必须指出，日文用片假名对西文，片假名是日文，片假名的音是日文本身的音，这里所谓音指音素也指音素拼合方式，所以西文都要依日文改造，这样才能符合日文的语音构造。因此France也好，word processor也好，都能折合成片假名。要是再把片假名折合成罗马字母，就不是本来的France和word processor了。现在对比如下：

	罗马字折合成片假名	片假名再折合成罗马字
France	フランス	hu ra n su
word processor	ワード　プロヤッサー	wa a do　pu ro se$_{tu}$ sa a

假如在汉字里或汉语拼音里引进France和word processor之类写法，没有学过西文的就读不出来。如上文所说，物理学也好，化学也好，事实证明都可以用汉字制定科技术语；直接引进写法是行不通的。

日本的学者，日本的人民非常关心中国的文字。1979年2月24日—3月9日，鐘ケ江信光教授为团长，波多野太郎教授为副团长，率领日本中国语学会友好访华团访问我国。3月7日中日双方的学者在北京饭店座谈。有一位日本学者发问：“二简停止使用是当初就准备试行一段时间，还是推行不下去才停止使用的？”当时我回答：“本来就是试行，二简试行后报上登的中央文件不用二简。”事实胜于雄辩，我的回答是可以验证的，可以查当时的《人民日报》。

1979年6月5—27日，我第一次到日本访问，无论是招待会上或座谈会上，宴会席上，或者是私人谈天的时候，都有人问：“贵国要废除汉字吗？”我都回答：“我想不会的。”今年1

月6日至1月13日，全国语言文字工作会议在北京召开。会上的文件和负责人的讲话根本没有提拼音文字，更没有说废除汉字。故周恩来总理1958年1月10日在政协全国委员会举行的报告会上说：

首先，应该说清楚，汉语拼音方案是用来为汉字注音和推广普通话的，它并不是用来代替汉字的拼音文字。

故周总理的话明白准确。有的人“增字解经”是多余的。

后　记

本书讨论文字，有时繁体简体并用。如㊀。讨论文字不免要刻字，除用语言说明形体外，还用㊁㊂两种方式减少刻字。

㊀ 第四章讨论“輪”字分化成“輪”lún 和“掄”lūn，这两个字形有时就排印成“轮”和“抡”。

㊁ 第三章“鳥、鴨、塢”等字底下从两点的，在字的右上角用小的数目字²表示，如“鳥²”。

㊂ 第四章讨论“乾”gān 的字形，左下从“干”的字形刻一次，其他用浪号“～”代替。第三章讨论“扇”字“搧”字。例句中的“乾”gān 字，即使左下从“干”也排成“乾”字。

本书第一版只有五章。第二版加了第六章。第六章原来是个讲演稿，见此章脚注，曾载《中国语文》1986 年第五期。此次收到本书里，略有更改。第六章 6.5 节所论，详见上文 3.7 节，为求每章自成段落，亦不删削。

作　者

1998 年 11 月